Richard Deiß

Butterseelenallein

100 Städte in Baden-Württemberg und im Elsass, welche man kennen sollte

E-Mail-Adresse des Autors:
richard.deiss@gmail.com

Anregungen und Verbesserungsvorschläge sind willkommen und werden in der nächsten Ausgabe berücksichtigt.

Herstellung und Verlag:BoD - Books on Demand, Norderstedt
Fünfte Auflage 2022, Originalausgabe

© Richard Deiss, Berlin 2022

Printed in Germany

ISBN   978-3-7543-432-27

Bibliografische Information der Deutschen Nationalbibliothek
Die Deutsche Nationalbibliothek verzeichnet diese Publikation in der Deutschen Nationalbibliografie; detaillierte bibliografische Daten sind im Internet über http://dnb.d-nb.de abrufbar

Inhalt

Vorwort

In Deutschland habe ich bereits mehr als 1000 Städte besucht. Entsprechende Listen und kurze Berichte zu den 250 wichtigsten der besuchten Städte publizierte ich im Frühjahr 2020 unter dem Titel `Weg ist das Ziel´. In dem kleinen Taschenbuch blieb nicht genug Platz, bezüglich der besuchten Städte ins Detail zu gehen. Deshalb beschloss ich, zusätzliche Regionalbände zu publizieren. Während Süddeutschland mit Bayern zu groß ist, ist Baden-Württemberg als Region fast zu klein für ein eigenes Städtebuch. Deshalb nahm ich das nahe Elsass hinzu. Mit 4 Regierungsbezirken und dem Elsass ergeben sich 5 Teilregionen, eine gute Grundlage für ein Buch zu 100 Städten (jeweils etwa 10 Top-Städte und 10 weitere Städte pro Teilregion). Die Top 100-Städte sind mit einer Raute markiert ❖, besonders beeindruckende Städte mit zwei Rauten ❖❖. Mittlerweile habe ich 184 Städte in Baden-Württemberg und über 20 Städte und Dörfer im Elsass besucht, eine solide Basis, daraus 100 Städte auszuwählen.

Zur vorliegenden Neuauflage habe ich 20 Orte erstmals besucht, darunter Künzelsau, Alpirsbach, Hockenheim, Molsheim und Thann.

Beim vorliegenden Buch handelt es sich um keinen Reiseführer, sondern um eine Sammlung skizzenhaft dargestellter Impressionen, angereichert mit Wissenswertem zu den besuchten Städten.

Ich hoffe, Leser finden dennoch manches, was eine Lektüre lohnt. In Zukunft werde ich wohl ab und zu weitere Städte in der Region besuchen oder Neues in bereits besuchten Städten entdecken. Das Büchlein soll deshalb immer wieder neu aufgelegt und erweitert werden.

Berlin im März 2022
Richard Deiß

Neu besuchte Städte

<u>Auf und Absteiger</u>
Folgende Orte habe ich seit der letzten Auflage (September 2021) neu besucht:
RB Stuttgart (9): Beilstein, Großbottwar, Steinheim, Forchtenberg, Künzelsau, Ingelfingen, Niedernhall, Wendlingen, Wernau.
RB Karlsruhe (7): Alpirsbach, Dornstetten, Hockenheim, Kuppenheim, Lichtenau, Rheinau, Waghäusl.
Elsass (2): Molshein, Thann

Aufsteiger in die Top 100

	Grund
Alpirsbach	• Schöne Lage • Bedeutendes Kloster • Altstadt mit Fachwerkhäusern
Dornstetten	• Schöne Fachwerkaltstadt
Künzelsau	• Beeindruckendes Kunstmuseum • Topografie • Standseilbahn
Elsass	
Molsheim	• Altstadt • Bugatti-Museum
Thann	• Historisches Ortsbild • Gotische Kirche • Stadtflusspartien und Landschaft

Absteiger

Die Städte, welche ich aus der Top 100 Liste strich, sind **Renchen, Schwetzingen und Heidenheim** in Baden-Württemberg und **Neuf-Brisach** und **Saint-Louis** im Elsass.

1. Baden-Württemberg

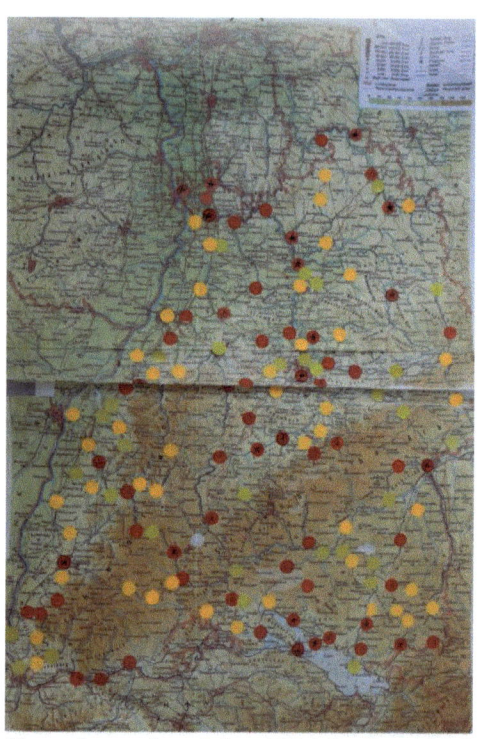

Versuch aus dem Jahre 2014 die Top 100 Städte Baden-Württembergs auf einer Karte zu markieren (rot*, höchste Kategorie, weiß niedrigste). Jetzt mit neu besuchten Städten aktualisiert.

Regierungs-bezirk	Städte	bereits besucht	Top 80 BW im Buch	Andere be-schriebene Orte
Stuttgart	117	57 (49%)	20	10
Tübingen	57	39 (68%)	20	5
Karlsruhe	63	40 (63%)	20	6
Freiburg	77	48 (62%)	20	9
Baden-W.	314	184 (59%)	80	30

Ich bin im württembergischen Isny im Allgäu geboren und in der Nachbargemeinde Argenbühl aufgewachsen. Deshalb war ich in allen württembergischen Allgäu-Städten bereits recht häufig. Mehr als die Hälfte der Städte des Bundeslandes (169 von 312) habe ich bereits besucht.

Während die großen Städte des Landes im Krieg stark zerstört wurden (mit Ausnahme von Heidelberg), gibt es zahlreiche ehemalige Freie Reichstädte mit größerem Altstadtkern, oft mit vielen Fachwerkhäusern. Der badische Landesteil hat trotz geringerer Bevölkerungszahl jedoch mehr Städte mit über 100 000 Einwohnern (Karlsruhe, Mannheim, Heidelberg, Freiburg und Pforzheim) als der württembergische Teil (Stuttgart, Heilbronn, Ulm und Reutlingen). Das kulturelle Angebot ist im badischen Teil ebenfalls besser. Hier gibt es fünf Opernhäuser und ein Festspielhaus, im württembergischen Landesteil dagegen nur zwei.

Während Stuttgart nur wenig deutschlandweite Ausstrahlung hat und südlich der Donau die Anziehungskraft von Zürich und München lange höher war, ist die Bedeutung der Landeshauptstadt in den letzten Jahrzehnten doch gewachsen. Schleichend entwickelt sie sich zu einer Metropole. Stuttgart gehört bereits, was den Immobilienmarkt betrifft, zu den sieben A-Städten in Deutschland.

Auffallend ist auch, dass der schwäbische Dialekt nach Süden und Norden vordringt, allerdings immer stärker durch Hochdeutsch verwässert, und alemannische und fränkische Sprachfärbungen verdrängt.

Während man sich in Mannheim der Kurpfalz zugehörig fühlt, beharrt man im mittleren und südlichen Baden noch auf den alten badischen Landesgrenzen und sieht die Württemberger, nicht ganz korrekt, als Schwaben. Dabei gehörte der ganze südliche Landesteil, inklusive Freiburg, im Mittelalter zum schwäbischen Reichskreis.

1.1 Regierungsbezirk Stuttgart

Der Regierungsbezirk Stuttgart hat über 4 Millionen Einwohner, ist aber, anders als die anderen baden-württembergischen Regierungsbezirke, von einem einzigen großen Ballungsraum geprägt und hat nur 2 Städte mit mehr als 100 000 Einwohnern. Allerdings gibt es hier relativ viele größere Mittelstädte mit 50- 100 000 Einwohnern. Anders als die Bezirke Karlsruhe (Heidelberg) und Freiburg (Freiburg) gibt es hier keine Touristenstädte mit über-regionaler Ausstrahlung. Stuttgart und Heilbronn, deren Innenstädte im Krieg stark zerstört wurden, haben eher den Charakter wirtschaftsstarker Industriestädte. Im fränkisch geprägten, ländlichen und dünn besiedelten Nordosten des Regierungsbezirkes gibt es jedoch eine Reihe sehenswerter gut erhaltener kleinerer Städte wie Schwäbisch Hall, Vellberg und Kirchberg. Schwäbisch Hall ist neben Bad Wimpfen auch die einzige Stadt, die mich in diesem Bezirk bisher richtig begeistert hat. Am häufigsten besucht habe ich bisher Stuttgart, fast 50 x war ich hier. In Heilbronn war ich bereits mehr als 10 x, 3 x und häufiger in Esslingen, Schwäbisch Hall, Bad Wimpfen und Plochingen.

Die 10 Städte, welche mich am meisten beeindruckten

❖ Stuttgart

Als Allgäuer ist man eher nach München orientiert als nach Stuttgart, eine Stadt, welche für einen Allgäuer weit hinter der Schwäbischen Alb liegt. Auch hatte man im Allgäu immer den Eindruck in Stuttgart gäbe es nicht mal eine richtige Universität. Stuttgart wirkt auch kleinstädtischer und weniger metropolenhaft als München. Lange wurde ich mit Stuttgart nicht so richtig warm. Matthias Riesling bezeichnete die Stadt einmal als *Stadt zwischen Hängen und Würgen*. Lange galt der Spruch in *Stuttgart lebt man heimlich gut, in München unheimlich gut.* Stuttgart war pietistisch geprägt, Teil des *Pietkong.* Kam man mit dem Zug an, wirkten die Bahnsteige eher vernachlässigt, wegen Stuttgart 21 lohnte sich eine Sanierung nicht mehr. Das Empfangsgebäude selbst, ein Bonatz-Bau, ist dann gar nicht so schlecht. Es wurde einmal von einem Journalisten als *Tempel eines unbekannten Kultes* beschrieben. Kommt man über die Klett-Passage in die Fußgängerzone, wirkt diese erst mal enttäuschend kommerziell. Bald ist man jedoch am Schlossplatz, welcher schon mehr hermacht. Geht man parallel zur Fußgängerzone an der Oper vorbei, wirkt Stuttgart plötzlich sehenswert und gemütlich. Wird man einmal einen der vielen großartigen Blicke auf die Stadt gewahr, zum Beispiel von der Weißenhofsiedlung, wird man Stuttgart plötzlich mit anderen Augen sehen. Bei meinem vorletzten Besuch fuhr ich in den Teilort Bad Cannstatt, um Stuttgarts Automobilgeschichte aufzuspüren. Dort kann man das Gewächshaus besichtigen, in welchem Gottlieb Daimler 1886 das erste vierrädrige Auto ent-wickelte (gleichzeitig baute Benz eines in Mannheim mit drei Rädern). Das erste Motorrad, der Reitwagen ist ebenfalls zu sehen.

❖❖ Schwäbisch Hall

Bei Schwäbisch Hall denkt man unvermittelt an die Bausparkasse und den Spruch- *auf diese Steine können Sie bauen.* Steht man am Ufer des Kochers und schaut auf die Altstadt, sieht man, dass einige Fachwerkhäuser so richtig aus der Stadtmauer herauswachsen. Auf deren Steine konnte man also schon im Mittelalter bauen. Ganz oben auf dem Hügel sieht man dann noch ein riesiges Kornhaus.
Als ich beginne, Kunstmuseen zu sammeln, bin ich im Jahr 2016 wieder in der Stadt. Hier gibt es die überregional bekannte Kunsthalle Würth und zusätzlich die von Würth gestiftete Schutzmantelmadonna, die in der Johanniter-

kirche ausgestellt wird. Im Juni 2020 komme ich nochmal, bin beeindruckt von der Topografie mit den Wasserläufen, und der auf zwei Seiten hochsteigenden Stadt. Ich sehe diesmal auch das beeindruckende Fränkisch-Hällische Museum. Im Museumsladen kann man eine Postkarte mit einem Heller kaufen. Das Wort leitet sich vom Stadtnamen ab (Häller). Wermutstropfen bei der Anfahrt ist lediglich, dass es in einer so wohlhabenden Mittelstadt im Bahnhof weder Dienstleistungen noch Geschäfte gibt. Eine Art Kunstausstellung ist dort untergebracht, die man jedoch nur durch geschlossene Fenster betrachten kann.

☞Auf der Herfahrt von Nürnberg Umstieg im Bahnhof Schwäbisch-Hall Hessental. Auch dort im Bahnhof keine Dienstleistungen. Der Schweizer Schriftsteller Franz Hohler kam hier vor ein paar Jahren an, wollte etwas Heißes trinken und fand, anders als in der Schweiz in Bahnhöfen gleicher Größe, keine Bahnhofsgaststätte vor. Er sieht jedoch eine Gedenktafel für das Lager Hessental, wo im 2. Weltkrieg 800 Menschen untergebracht waren, die als Arbeitssklaven in einer nahen Flugzeugfabrik schuften mussten. Später wurden sie auf einen Todesmarsch nach Dachau geschickt. Die Gedenktafel fällt mir bei einem Umstieg auch auf, aber ich wusste nicht, dass die Gedenkstätte so nahe ist.

❖ Bad Wimpfen

Eine beeindruckende Silhouette hoch über dem Neckar zeigt die kleine ehemalige Stauferpfalz und spätere Reichstadt Bad Wimpfen. Bad Wimpfen gehörte bis zum Zweiten Weltkrieg zu Hessen, wurde danach de facto in das neu entstandenen Bundesland Baden-Württemberg eingegliedert und bis heute ist sein rechtlicher Status zwischen den beiden Ländern umstritten. Auf Bad Wimpfen stieß ich erst spät. Durch eine Tourismusbroschüre zu den besuchenswerten Städten Baden-Württembergs wurde ich erst auf den Ort aufmerksam und dachte dabei, hoppla, das kenn ich ja gar nicht. Mit seiner gut erhaltenen Fachwerk-altstadt, dem beeindruckenden Blauen Turm und dem urigen Bahnhof hat mich Bad Wimpfen gleich beim ersten Besuch im Jahr 2001 begeistert. Später kam ich mehrmals mit hohen Erwartungen wieder, doch dieselbe Begeisterung wie beim ersten Mal stellte sich leider nie wieder ein.

Bei meinem letzten Besuch im November 2019 war zudem das markanteste Gebäude, der Blaue Turm, eingerüstet.

❖ Wertheim

Wertheim ist die nördlichste Stadt Baden-Württembergs (und Badens) mit schöner Lage am Zusammenfluss von Tauber und Main. Im Frühjahr 2013 bin ich hier und blicke von auf der Burg auf die Stadt, die sich weit über die Altstadt auf die beiden anderen Flussseiten ausgebreitet hat. Straßen schneiden die Altstadt ein bisschen vom Fluss ab, eine Promenade fehlt irgendwie. Auf der anderen Flussseite kommt noch die Barrierewirkung der Bahnlinie hinzu. Die Altstadt ist schön, aber irgendwie fand ich das unweit ebenfalls am Main gelegenen bayerische Miltenberg gemütlicher.

❖ Ellwangen

In Ellwangen war ich erst ein einziges Mal. Die Stadt hat mich jedoch gleich durch die Dichte und architektonische Vielfalt ihrer vor allem barocken Kirchengebäude mit den warmen Farbtönen beeindruckt. Zur Stadtsilhouette gehört zusätzlich ein auf einem Hügel thronendes Schloss.

❖ Bad Mergentheim

Von 1526 bis 1809 war Bad Mergentheim Hauptsitz des Deutschen Ordens. Heute kann man in der Stadt das Deutschordensschloss besichtigen. Was mir von meinem Besuch im Jahr 2012 in Erinnerung blieb, war auch der Marktplatz mit Hofapotheke und Altem Rathaus. Bad Mergentheim wurde als Lazarettstadt im Krieg von Bomben verschont und zeigt ein unversehrtes historisches Stadtbild.

❖ Vellberg

Die kleine Stadt Vellberg gehört zum fränkisch geprägten Nordosten Württembergs, und in Franken finden sich viele der schönsten mittelalterlichen Städte Deutschlands.

Vellberg ist winzig, aber bei meinem Besuch im Sommer 2014 finde ich eine auf einem Hügel liegende perfekt erhaltene, fast geschleckte historische Altstadt vor, das sogenannte *Städtle*, mit Brünnlein, Türmchen, Fachwerk in verschiedenen Farben. Putziger geht es kaum.

Torturm von 1489 in Vellberg

❖ Esslingen

Esslingen ist eine Stadt mit Weinbergen und schöner Altstadt, Bächen, Fachwerkhäusern und einem beeindruckenden alten Rathaus mit Renaissancefassade. Jedoch liegt die Stadt quasi in der Achselhöhle Stuttgarts, ist Pendlerstadt und hat deshalb kaum räumliche Ausstrahlung und Hinterland. Esslingen ist zusätzlich durch eine Bündelung von Schienen und Straßen belastet und begeistert mich, trotz etlicher idyllischer Ecken, nur mäßig.

❖ Marbach

Marbach am Neckar ist eine Stadt, die mich beim ersten Besuch gleich beeindruckt hat. Ich wollte das Schillerhaus sehen und die Altstadt schien so solide, aufgeräumt und gut saniert zu sein. Später kam ich nochmal, um das architektonisch interessante Literaturmuseum der Moderne LiMo (David Chipperfield Architects) zu sehen.

❖ Schorndorf

Schorndorf mit seinem großen historischen Stadtkern hat noch einen Tick mehr sehenswerte Fachwerkhäuser als viele andere schwäbische Mittelstädte. In einem dieser Fachwerkhäuser (in der Höllgasse) wurde der Autoerfinder Gottlieb Daimler geboren (1834-1900). Auch der Marktplatz Schorndorfs ist recht fachwerksatt.

Andere Städte in den Top 100 Südwest

❖ Heilbronn

Heilbronn, auch als *Heilbronx* verballhornt, ist sicher nicht die schönste kleinere Großstadt in Deutschland. Im Krieg stark zerstört, wurde die Stadt nachher architektonisch sehr uninspiriert wiederaufgebaut. Ein Bekannter von mir, der bereits viele Städte gesehen hat und 2018 dort war meinte, die Stadt wäre enttäuschend, da müsste er nicht nochmal hin. Heilbronn war einst eine wichtige Hafenstadt und bereits relativ früh industrialisiert. In den 1830er Jahren wurde Heilbronn auch *schwäbisches Liverpool* genannt, keine Stadt in Württemberg hatte mehr Fabriken. Heute hat Heilbronn eine recht hohe Dichte von Hidden Champions, Firmen des produzierenden Gewerbes und Weltmarktführer in bestimmten Nischen. Auch wohnt in Heilbronn der Milliardär Dieter Schwarz, Eigentümer von Lidl und Sponsor verschiedener Einrichtungen der Stadt.
Im November 2019 komme ich abends in Heilbronn an und bin beeindruckt von der nächtlichen Neckarpromenade und dem Blick auf das Science Center. Man versucht in

Heilbronn sich mit spektakulärer Architektur nach vorne zu bringen. Dazu hat auch die die BUGA 2019 mit neuen Parks und Wohnvierteln am Neckar beigetragen. Leider komme ich nicht dazu, das neu entstandene Stadtviertel zu besuchen und der Rest der Stadt ergibt wie immer ein ernüchterndes Bild. Eines der wenigen Highlights: die Kilianskirche, mit dem ersten Renaissanceturm nördlich der Alpen. Der Hauptbahnhof Heilbronns wirkt solide und fast 50er Jahre-bieder. Als ich im Juni 2016 eine Beuys-Ausstellung in der Kunsthalle Vogelmann besuche, weiß ich noch nicht, dass Beuys mit der Stadt auf spezielle Weise verbunden ist. Nach dem Krieg als in die Heimat zurück-reisender Soldat wurde hier sein Pass konfisziert. Er legte den Stromschalter um, schlug den Beamten nieder und sicherte sich im Chaos einen Pass. Aus seiner Sicht war das sein erstes Happening als Künstler. Immerhin peppt den Vorplatz ein neues Straßenbahnsystem auf. Heilbronn hat von der Expansion des Karlsruher Systems weit nach Osten profitiert.

Science Center an der Neckarpromenade

❖ Markgröningen

Markgröningen ragt durch zwei Dinge aus der Masse sehenswerter schwäbischer Kleinstädte heraus. Erstens ist es überregional durch den im Herbst stattfindenden Schäferlauf bekannt. Zudem ist das Fachwerkrathaus aus dem Jahre 1441 größer als die historischen Rathäuser anderer Kleinstädte. Schon 1527 hieß es *Ein Rathaus, des gleichen wohl nie gefunden.* Weitere sehenswerte Gebäude sind die Bartolomäuskirche und das Stadttor.

Markgröningens Rathaus

❖ Vaihingen an der Enz

Vaihingen hat einen Halt an der Schnellfahrstrecke Mannheim-Stuttgart und vom neuen Bahnhof fuhren früher noch Züge über eine Kleinbahnstrecke in die sehenswerte historische Altstadt. Vaihingen liegt zudem attraktiv an der Enz, einem Nebenfluss des Neckar.

❖ Weil der Stadt

In Weil der Stadt hat mich hauptsächlich der Marktplatz beeindruckt. Hinter dem Renaissancerathaus lugt der Turm der spätgotischen Stadtkirche St. Peter und Paul hervor. Vor dem Rathaus das Denkmal für den berühmtesten Sohn der Stadt, den Astronomen Johannes Kepler (1571-1630).

❖ Schwäbisch Gmünd

Als ich Schwäbisch Gmünd im Jahre 2012 besuche fällt mir der große Bahnhof auf und in der Innenstadt das Fehlen eines richtigen Münsterturms. Ein recht kleiner Glockenturm steht neben dem Münster. Mit einem hohen Turm wäre die Stadtsilhouette deutlich beeindruckender.

Die Innenstadt dieser ältesten Stauferstadt ist eher von Barockbauten geprägt als von Fachwerk, was irgendwie zur stark katholisch geprägten Stadt, die früher auch *schwäbisches Nazareth* genannt wurde, passt. Überregional bekannt wurde Schwäbisch Gmünd in den letzten Jahren auch durch den Versuch, einen Tunnel nach Bud Spencer zu benennen. Im Juli 1951 wurde im Freibad der Stadt ein deutsch-italienischer Schwimmwettbewerb ausgetragen. Mitglied im italienischen Team war Carlo Pedersoli (1929-2016), der später als Bud Spencer bekannt wurde. Als im Jahr 2011 ein Straßentunnel in der Stadt kurz vor der Fertigstellung war und ein Name gesucht wurde, votierte die Bevölkerung für Bud-Spencer-Tunnel. Doch die Politik war mit der Namenswahl nicht ganz zufrieden. Schließlich fand sich ein Kompromiss: das Freibad sollte nach Bud Spencer benannt werden. Im Dezember 2011 reiste Bud Spencer nach Schwäbisch Gmünd und taufte das Bad entsprechend. Vielleicht passt dieser sinnenfrohe Italiener auch zu einer katholischen Stadt.

❖ Kirchberg/Jagst

Was mir bei einem Besuch von Kirchberg im Jahre 2013 in Erinnerung blieb, war der auffällig schlanke und hohe Stadtturm (45 m) und die recht große Schlossanlage, welche aber nicht besonders beeindruckt. Die Stadt liegt auf einem Sporn über dem Fluss Jagst. Die schwierige Topografie hat auch dazu beigetragen, dass Kirchberg nie einen Bahnanschluss bekam. Deshalb stagnierte die Stadt im 19. Jahrhundert, konnte dadurch jedoch auch ihr historisches Ortsbild bewahren.

❖ Besigheim

Als ich Besigheim im Jahre 2015 besuche, finde ich eine überraschend schöne, sehr malerisch auf einem Sporn am Zusammenfluss von Enz und Neckar gelegene Fachwerkstadt vor. Besigheim verfügt über eines der am besten erhaltenen historischen Stadtbilder Süddeutschlands. Der Marktplatz mit allen Elementen, welche man von so einer Stadt erwartet, ein Marktbrunnen mit Brunnenfiguren, ein Fachwerk-Rathaus mit großer Uhr und Giebeltürmchen mit

Wetterfahne, der Platz durchgehend gepflastert und von weiteren fachwerkseligen Häusern eingerahmt.

Neckarpartie

❖ Waldenbuch

Nach Waldenbuch fahre ich im Oktober 2016, um das Museum Ritter zu besuchen. Die Schokoladenfirma, die pro Jahr über 1 Milliarde Quadrat-Tafeln der Marke Ritter Sport produziert, eröffnete im Jahr 2005 neben dem Werksgelände das vom Schweizer Architekten Max Dudler entworfene Museum Ritter, in welchem moderne Kunst um das Thema Quadrat präsentiert wird. Das Museum ist sehenswert, doch nach dem Besuch entdecke ich auch eine kleine, topographisch schön gelegene hübsche Fachwerkstadt, welche ich zuvor gar nicht kannte. Sogar ein Schloss gibt es hier.

❖ Künzelsau

Künzelsau liegt schön eingebettet zwischen grünen Hängen am Kocher. Künzelsau hat ein wuchtiges Schloss und ein schönes Rathaus mit beeindruckendem Giebel. Was die Fachwerkaltstadt betrifft, gibt es jedoch pittoreskere Orte. Doch wenige Kleinstädte haben wie Künzelsau eine neu erbaute Standseilbahn. Bei meinem Besuch im Januar 2022 war für mich das gut mit moderner Kunst bestückte Museum Würth mit seinen Freiluftskulpturen jedoch die beeindruckendste Sehenswürdigkeit des Ortes.

Andere Orte

Aalen

Als die Reichstadt Aalen einst von kaiserlichen Truppen belagert wurde, beschlossen sie, einen Spion auszusenden. Doch dieser begab sich schnurstracks ins Lager der Feinde. Dort traf er bald auf den Kaiser und grüßte diesen. Der Kaiser und seine Gefolgschaft fragten ihn, wer er denn sein. `*Ich bin der Spion von Aalen*´, erwiderte dieser. Diese Offenheit beeindruckte den Kaiser und so führte er ihn durch das Lager und teilte den Aalenern in einem Brief mit, dass er mit solchen tapferen und klugen Bürgern in Frieden leben wollte. Die Freude darüber war in Aalen so groß, dass man den `Aalener Spion´ seither hoch achtete. Schließlich setzte man ihm auf dem Rathausturm ein Denkmal, was nach dem Stadtbrand von 1634 von den Nürnbergern spendiert wurde. Seither schaut er, eine Pfeife rauchend, aus dem Rathausturm.

Das Aachener Spionle gibt es heute als Schokogebäck in Konditoreien am Aalener Marktplatz zu kaufen. Im Juli 2019 besuche ich Aalen, um ein Spionle zu kaufen und meinen Arbeitskollegen mitzubringen. Doch einerseits war es heiß, andererseits hat das Spionle ein weiches Herz. Nach längerer Bahnfahrt war es dann geschmolzen und zerquetscht und einfach nicht mehr vorzeigbar. Ansonsten ist Aalen ist eine große Mittelstadt mit fast 70 000 Einwohnern. Dazu trugen jedoch sehr großzügige Eingemeindungen bei, die die Stadt nach Stuttgart zur flächenmäßig größten im Regierungsbezirk machten (146 km^2). Der Altstadtkern ist recht klein, mit, für eine ehemalige Reichstädten gibt es relativ wenige Fachwerkhäuser. Die Innenstadt wird zudem durch brutalistische Bauten der 1970er Jahre belagert, wozu auch das Rathaus zählt.

Ludwigsburg

Kommt man mit der Bahn in Ludwigsburg an, ist man erst nicht so begeistert. Der Bahnhof ist in eine Art Einkaufszentrum integriert, um den Bahnhof alles ziemlich verbaut. Die geradlinigen Straßen der Planstadt verbreiten nicht besonders viel Atmosphäre. Das Highlight der Stadt ist eindeutig das barocke Residenzschloss, welches, anders als viele andere Schlösser, unbeschadet durch den Krieg kam. Im Herbst 2009 sehe ich im Schlossgarten die weltgrößte Kürbisausstellung und bin vom Garten und seinen Gebäuden ganz beeindruckt. Der Weg zum Bahnhof ernüchtert dann allerdings wieder.

Plochingen

Der ICE von Stuttgart nach München fährt durch Plochingen. In der Fahrtrichtung Ulm sieht man linkerhand einen vier-zinnigen Turm in einem seltsamen Stil. Es handelt sich um ein Gebäude eines vom österreichischen Maler Hundertwasser gestalteten und 1991-94 errichteten Wohnkomplexes (*Wohnen unterm Regenturm*). Einmal steige ich hier aus, um mir das genauer anzuschauen. Das von Plochinger Architekten geplante Ensemble gehört jedoch nicht unbedingt zu den besten Bauten Hundertwassers. Plochingen ist stark von Industrie und Verkehrsinfrastruktur geprägt. Bis hierher ist der Neckar schiffbar und hier endete lange die Stuttgarter S-Bahn. Der Bahnhof ist recht groß, die Altstadt dagegen relativ klein. Den Versuch, durch spektakuläre Architektur auf die Landkarte zu kommen, setzte man im Jahr 2007 fort. Da wurde ein vom elsässischen Künstler Tomi Ungerer gestaltetes Toilettenhäuschen an die Stadt übergeben. Dessen Dach sollte ursprünglich wie ein Hinterteil gestaltete werden. Doch das Häuschen steht vor einer Kirche. Muslimische Mitbürger erinnerte das grün gestrichene Gebäude zudem an eine Moschee und fanden die Gestaltung mit dem Hintern-Dach deshalb inakzeptabel. Schließlich einigte man sich mit Ungerer auf ein konsensuales Design. Mittlerweile haben Vandalismus und Zahn der Zeit bereits arg am Toilettenhäuschen genagt.

Heidenheim

Heidenheim hat vieles mit Aalen gemein. Beides sind gewerbestarke große Mittelstädte mit nur kleiner Altstadt und starker Präsenz von teilweise brutalistischen 1970er Jahre Bauten. Durch das auf einem Hügel über der Stadt thronende Schloss Hellenstein ist Heidenheim jedoch einen Tick attraktiver. Dort finden auch Opernfestspiele statt, die Heidenheim auf die Kulturlandkarte setzen. Im Fußball ist Heidenheim ebenfalls erfolgreicher. Der FC Heidenheim spielt zuverlässig in den oberen Rängen der 2. Liga und wäre 2020 fast aufgestiegen, der VfR Aalen ist mittlerweile aus der 3. Liga abgestiegen.

Nürtingen

Der deutsche Entertainer Harald Schmidt ist in Neu-Ulm geboren, wuchs aber in Nürtingen auf. In der Harald-Schmidt-Show zeigte der Entertainer im Dezember 2001 ein Eisenbahnmodell einer Stadt, welches angeblich Nürtingen darstellte, in Wirklichkeit jedoch eine beliebige Modellstadt war, die durch ein paar eingefügte Details Nürtingen erklärbar machen sollte. Nach der Show setzten sich Nürtinger Bürger dafür ein, die Modellstadt nach Nürtingen zu bringen. Dort wurde sie im Bahnhof aufgestellt. Als ich im Jahr 2011 nach Nürtingen fuhr, fand ich jedoch kein Modell vor und reiste wieder ab, denn ein Blick aus dem Bahnhofsgebäude schien nicht auf eine attraktive Stadt schließen zu lassen. Dabei gibt es in Nürtingen Fachwerkwinkel und nette Partien am Neckar.

Großbottwar

Die beeindruckendste Sehenswürdigkeit von Großbottwar ist das Rathaus aus dem 16. Jahrhundert mit seinem Sandsteinsockel auf welchem 6 Fachwerkgeschosse mit roten Balken und grünen Fensterläden aufragen. Eines der beeindruckendsten historischen Rathäuser im nördlichen Württemberg. Mit der 1434 erbauten Stadtschänke, dem ältesten Gebäude der Stadt, gibt es ein weiteres sehenswertes Fachwerkhaus am Rathausplatz. Auch das Schiefe Haus ist etwas Besonderes, es wirkt mit seiner gekrümmten Fassade wie ein Gebäude aus Schlumpfhausen. Eine Besonderheit ist auch die Markierung des 49. Breitengrades unweit der Altstadt. Auf einer Tafel ist zu lesen, dass Karlsruhe, Großbottwar und Regensburg auf diesem Breitengrad liegen.

Rathaus

Forchtenberg

Forchtenberg ist ein Städtchen mit pittoresken Altstadt-partien denen man sich am besten von der Flussseite nähert, wo man durch ein imposantes Tor die überbaute Stadtmauer durchqueren kann. Als ich die Stadt Anfang 2022 besuche stoße ich am Rathaus auf eine Gedenktafel für die dort geborenen Sophie Scholl (1921-1943). Eine weitere markiert zur Kirche hoch den die Widerstandskämpferin als Kind gegangen ist.

Beilstein

Die kleine Altstadtkern in Beilstein wird durch eine Straße zerschnitten. Blickt man dort den Hang hinauf, bietet sich jedoch ein pittoreskes, dichtes Bild von Unterem Schloss, Weinbergen und der Burg Hohenbeilstein. Im Januar 2022 habe ich von oben einen großartigen Blick übers Land.

Steinheim/Mur

Sieht man Bilder des sehr pittoresken Fachwerkrathauses, meint man Steinheim an der Mur wäre wohl eine wunderschöne Kleinstadt. Die Innenstadt ist jedoch durch Verkehrsstraßen zerschnitten, eine belebte Fußgängerzone fehlt und die Zahl an übrigen Sehenswürdigkeiten hält sich in Grenzen. Dazu gehört das Urmensch-Museum. In Steinheim wurde im Jahre 1933 in einer Kiesgrube der ca. 400 000 Jahre alte Schädel des später Homo Steinheimensis genannten Urmenschen gefunden. Schon Jahre früher fand man das Skelett eines Steppenelefanten und die Geweihschaufel eines Riesenhirsches.

Niedernhall

Im fränkisch geprägten Norden des Regierungsbezirkes findet sich mit Niedernhall am Kocher ein weiteres kleineres und recht hübsches Fachwerkstädtchen

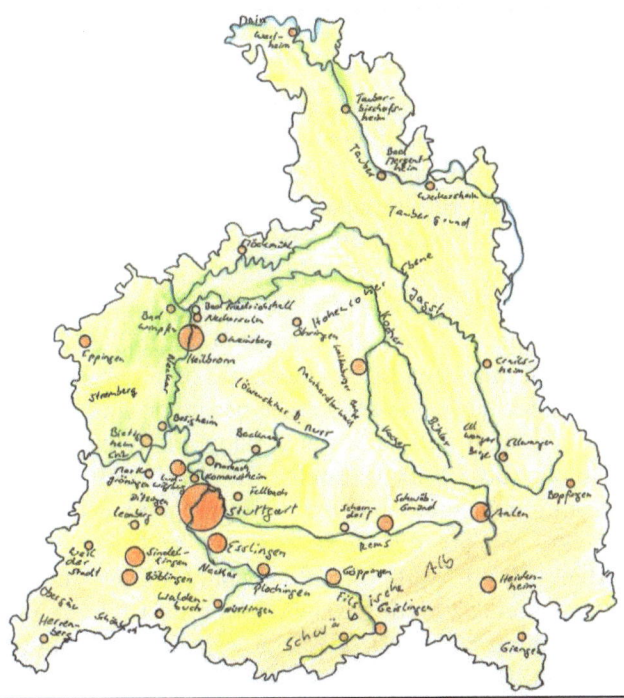

Besuchte Städte Regierungsbez. Stuttgart: 57 von 117

Top-100 Städte Südwest im Regierungsbezirk (Top 10 fett)

Stuttgart, Schwäbisch Hall, Bad Wimpfen, Bad Mergentheim, Ellwangen, Esslingen, Vellberg, Marbach, Schorndorf, Wertheim, Besigheim, Heilbronn, Herrenberg, Künzelsau, Markgröningen, Möckmühl, Schwäbisch Gmünd, Kirchberg/Jagst, Vaihingen, Waldenbuch, Weil der Stadt.

Andere besuchte Orte
Asperg, Backnang, Bad Friedrichshall, Balingen, Beilstein, Bietigheim-Biss., Böblingen, Bopfingen, Crailsheim, Ditzingen, Eppingen Heidenheim, Fellbach, Filderstadt, Forchtenberg, Geislingen, Giengen a d. Brenz, Göppingen, Großbottwar, Ingelfingen, Kornwestheim, Lauda, Lauffen am Neckar, Leonberg, Ludwigsburg, Neckarsulm, Niedernhall, Nürtingen, Plochingen Sindelfingen, Steinheim an der Murr, Tauberbischofsheim, Waiblingen, Weikersheim, Wendlingen, Wernau.

1.2 Regierungsbezirk Tübingen

Ich wurde im Regierungsbezirk Tübingen, genauer gesagt in Isny, geboren. Vor allem den Regionsteil südlich der Donau, Oberschwaben und Bodensee kenne ich gut. Hier habe ich fast alle Städte besucht. Die per Bahn schlechter erreichbare Schwäbische Alb kenne ich dagegen weniger.

Obwohl Tübingen mit 1.8 Millionen Einwohnern bevölkerungsmäßig der kleinste der vier Regierungsbezirke des Landes ist, hat er vielleicht sogar die größte Zahl an sehenswerten Städten. Dazu gehören vor allem Tübingen und Ulm, aber auch Ravensburg, Überlingen und Wangen. Weil ich aus dem Allgäu komme, habe ich Wangen sicher schon mehr als 200x besucht. In Isny bin ich aufs Gymnasium gegangen und war entsprechend oft dort. In Ulm steige ich oft mit dem Zug um und war deshalb mindestens 100 x dort, allerdings nicht immer habe ich auch etwas von der Stadt gesehen. Mehr als 10 x war ich in Friedrichshafen, Leutkirch, Kißlegg, etwa 5 x in Tübingen, Biberach und Bad Waldsee.

Die 10 Städte, welche mich am meisten beeindruckten

❖❖ Ulm

Ulm ist eine meiner Lieblingsstädte in Baden-Württemberg. Dabei ist der erste Eindruck nicht mal so toll. Der Hauptbahnhof macht nicht viel her und lange musste man durch eine unansehnliche Unterführung in die Innenstadt. Die ist jetzt erneuert, aber jetzt beherrscht ein Gewirr von Baustellen das Bild. In der Fußgängerzone wird es erstmal auch nicht viel erbaulicher. Das Geburtshaus von Albert Einstein steht nicht mehr, eine Skulptur des Schweizer Bildhauers Max Bill erinnert jedoch noch daran.

Biegt man jedoch nach rechts ab und folgt einem kleinen Fluss, der großen Blau, ins Fischerviertel, findet man ein pittoreskes Ensemble von Fachwerkhäusern und kleinen Flüssen und Bächen. Alsbald ist man an Donau und Stadtmauer. Diese lässt sich begehen und von dort hat man einen wunderbaren Blick auf die vorderste Häuserreihe der Altstadt. Noch besser ist der Blick allerdings von Neu-Ulm auf die Stadt. Von der Stadtmauer über das Rathaus kommt man zum Münster, eine der beeindruckendsten Kathedralen Deutschlands. Dessen Besteigung bis zur äußersten Spitze, ist ein einmaliges Erlebnis, aber nur für Schwindelfreie. Am Rathausplatz ist an der Westseite die 1950er Jahre Wiederaufbauarchitektur nicht so großartig. Das einst umstrittene Stadthaus des amerikanischen Architekten Richard Meier setzt jedoch neue Impulse. Weiter östlich wird die Altstadt dann historischer, Fachwerk dominiert immer mehr gegenüber Wiederaufbauarchitektur.

Blick von Neu-Ulm

27

❖❖ Tübingen

Mein erster Besuch in Tübingen fand während der Zeit statt, als ich in Zürich lebte. Als ich den Tübinger Marktplatz sah, musste ich anerkennend sagen, dass er es mit der Perfektion Schweizer Städte aufnehmen konnte.

Als alte Universitätsstadt hat Tübingen sogar einige wissensbezogene und literarische Sehenswürdigkeiten. So kann ein Buchladen einen Sessel vorweisen, in welchem einst der Philosoph Ernst Bloch saß. In einem Park in den Hügeln der Stadt gibt es wiederum einen Stein, der den Mittelpunkt Baden-Württembergs markiert. In der Altstadtbuchhandlung Heckenhauer absolvierte einst der Schriftsteller Hermann Hesse eine Lehre. Und im Hölderlinturm am Neckar wohnte der Dichter Friedrich Hölderlin von 1807 bis zu seinem Tod im Jahre 1843. All diese Dinge konnte ich bereits besichtigen. Heute macht Tübingen auch durch seinen umstrittenen, jedoch auch sehr innovativen Oberbürgermeister Boris Palmer (Die GRÜNEN) bundesweit auf sich aufmerksam.

Philosophenweg in Tübingen

❖ Ravensburg

Südlich der Alb, zwischen Donau und Bodensee, fehlt es an einem richtigen Oberzentrum. Zwei Städte, die fast dafür in Frage kämen, Ulm und Konstanz, liegen zu sehr am Rand dieses Raumes. Deshalb gab es in den 1970er Jahren die landesplanerischen Bestrebungen, die Städte Ravensburg und Weingarten zusammen zu legen. Doch Nachbarstädte sind oft die größten Rivalen, und so scheiterte dies an deren Widerstand. Immerhin bekam Ravensburg einen großen Landkreis, der bis ins Allgäu reicht. Der Osten dieses Landkreises war traditionell eher nach Bayern und damit Kempten ausgerichtet und bedauerte sehr, dass das weit entfernte Ravensburg, statt das beschauliche Wangen, Kreissitz sein sollte. Mittlerweile hat man sich an die prosperierende Mittelstadt Ravensburg als Kreissitz gewöhnt. Ravensburg hat sich in den letzten Jahren gut entwickelt und überzeugt mit seinem inhaberorientierten kleinteiligen Einzelhandel vor historischer Kulisse. Von Freiburg hat man sich die kleinen frei gelegten Bächlein abgekuckt, die jetzt durch die Altstadt fließen. Kulturell hat Ravensburg ebenso aufgeholt, ein ganzes Museumsquartier ist entstanden und im Ravensburger Konzerthaus werden sogar Opern aufgeführt.

❖ Bad Waldsee

Bad Waldsee ist eine kleine, aber unglaublich perfekte oberschwäbische Mittelstadt. Schon von der Bahn aus sieht man einen kleinen See, den Stadtsee, aber es gibt sogar einen zweiten, den Schlossparksee. In der Innenstadt eine schöne Barockkirche und der Blick auf einen fast unwirklich schönen Stadtplatz mit Fachwerk und Treppengiebel. Bad Waldsee, die kleine oberschwäbische Perle, die ich immer wieder gerne besuche.

❖ Meersburg

Im Sommer 1996 war ich mit Besuch aus Brüssel in Meersburg und da hat es richtig Klick gemacht, so schön erschien die Stadt, wenn man von der Meersburg zum See runterging. Irgendwie assoziiere ich Meersburg automatisch mit der westfälischen Schriftstellerin Annette von Droste-Hülshoff (1797-1848), die 7 Jahre in der Stadt verbrachte. Im Fürstenhäusle in einem Rebberg ist ein Museum für die Dichterin untergebracht.

❖ Wangen

In Wangen bleibt man hangen, heißt es. Und wenn man durch die putzige Fußgängerzone geht, und am Postplatz steht und links das Frauentor sieht, vorne das Rathaus, rechts die Martinskirche und hinten das Martinstor, bleibt man hier wirklich ein bisschen hängen. Dazu kam es auch, weil der Bürgermeister Leist sich lange städtebaulich an der sogenannten Rauchschen Stadtansicht aus dem Jahre 1611 orientierte. Dazu kam eine Aufrüstung mit scheinbar altstadt-typischen Elementen, die es teilweise früher gar nicht so gab, wie eine wachsende Zahl von Zunftschildern und Bronzeskulpturen, die Kleinstädte eben gerne aufstellen. Von Freiburg kopierte man dann auch die kleinen straßenbegleitenden Altstadt-Bächle. Ein in Wangen lebender pensionierter Lehrer, hat die Stadt mal als *Idyllistan* bezeichnet. Jüngere Leute beklagten damals die Abwesenheit moderner architektonischer Impulse. Aus der ländlich-katholischen Atmosphäre Wangens sind auch keine Geistesgrößen entsprungen. Dennoch gibt es ein wichtiges Literaturmuseum in der Stadt. Die vertriebenen Schlesier Willibald Köhler und Karl Fleischer sammelten Erinnerungsstücke an die Schriftsteller ihrer Heimat Joseph Freiherr von Eichendorff (1788-1857) und Gustav Freytag (1816-1895) und eröffneten entsprechende Museen. Seit 1986 sind diese in einem ehemaligen Färberhaus untergebracht. Die Stadt Wangen hat hier einen ganzen Museumskomplex eingerichtet. Über das Heimatmuseum an einer Mühle kommt man in die Literatenmuseen. Als ich diese 2013 besuche habe ich einen Journalisten und Literaturkenner dabei und lerne einiges über die beiden Schriftsteller.

Wangen: Blick von der Herrenstraße auf das Frauentor

❖ Überlingen

Im Lonely Planet-Reiseführer wurde Überlingen einmal als eine der perfektesten deutschen Kleinstädte bezeichnet. Im Sommer 2019 ging ich den Weg vom Bahnhof die Stadtmauer und den Nellenbach entlang, sah erst das Münster, dann die Promenade mit den Palmen und den Hafen mit den Schiffen. Das wirkte alles einladend südlich und ich dachte, oft gibt es so eine Idylle in Deutschland nicht.

☞Seit 1967 lebt der 1927 in Wasserburg am Bodensee geborene Schriftsteller Martin Walser in Überlingen-Nußdorf in einem Haus direkt am See.

❖ Pfullendorf

Pfullendorf wird nicht vom regelmäßigen DB-Schienenverkehr bedient (mittlerweile gibt es wieder Sonderfahrten am Wochenende, und Güterverkehr, hier sitzt der Möbelhersteller Alno, der in den letzten Jahren ein Insolvenzverfahren durchlief, das Gespräch der Stadt), auch deshalb war ich dort erst einmal. Die Stadt empfand ich bei meinem Besuch als weit schöner als erwartet, eine oberschwäbische Barockperle. Überraschend trifft man in der Fußgängerzone auf eine Friedrich II-Bronzestatue (vom örtlichen Kunstschmied Peter Klink gestaltet). Pfullendorf bekam 1220 (also vor über 800 Jahren) vom Kaiser die Stadtrechte und seither ist man ihm hier verpflichtet.

❖ Friedrichshafen

Friedrichshafen heißt erst seit 1811 so (der Ortsteil Buchhorn ist jedoch älter), ist von Industrie geprägt und wurde im Krieg stark zerstört. In anderen Gegenden wäre in so einem Fall nicht viel zu erwarten, aber Friedrichshafen liegt immerhin in zentraler Lage am nördlichen Bodenseeufer mit bei klarem Wetter beeindruckendem Blick auf See und Alpen. Außerdem gibt es hier eine Promenade, einen belebten Passagierhafen und das interessante Zeppelinmuseum (Zeppeline wurden einst in der Stadt hergestellt) im ehemaligen Hafenbahnhof mit seiner eleganten 1920er Jahre Architektur.

❖ Sigmaringen

Als ich im April 2019 auf einer Reise ins Allgäu in Sigmaringen Halt mache und entsprechende Bilder poste, finden diese das Interesse einer rumänischen Kollegin. Das rumänische Königshaus stammt aus dem Hause Hohenzollern und damit quasi aus der Hohenzollern-Hauptstadt Sigmaringen.

Obwohl das Schloss sehr pittoresk auf einem Felsen über der Stadt und der Donau thront und obwohl es etliche einstige Regierungs- und Verwaltungsgebäude des ehemaligen Fürstentums gibt, bin ich mir beim Besuch doch nicht ganz schlüssig, ob Sigmaringen zu den 100 Top Städten Deutschlands gehört. Zu klein und, abgesehen vom Schloss, zu wenig bedeutend die Architektur der Bauten, denke ich, als ich durch die Stadt laufe.

Weitere Städte in den Top 100 Südwest

❖ **Meßkirch**

Meßkirch liegt in Oberschwaben, hat aber historisch zum Land Baden gehört, welches Württemberg fast halbmondförmig umschloss. Erstaunlich viele Geistesgrößen kommen aus Meßkirch oder seiner unmittelbaren Umgebung, darunter der Philosoph und Prediger Abraham a Sancta Clara, der Hofmaler Johann Baptist Seele und der Komponist Conradin Kreutzer. Die Stadt wird deshalb auch *badischer Geniewinkel* genannt. Im Herbst 2013 komme ich wegen Martin Heidegger (1889-1976), der ebenfalls hier geboren wurde. Das Geburtshaus steht noch und im Schloss von Meßkirch kann man ein Heidegger-Museum besichtigen. Danach besuche ich das Grab dieses Philosophen auf dem Meßkircher Friedhof und lege ein paar Kastanien auf den Grabstein.

❖ **Blaubeuren**

Ein Besuch in Blaubeuren war für mich als Geograph ein Must, denn hier gibt es die faszinierende Karstquelle Blautopf, mit ihrem tief verzweigten Höhlensystem. Trotzdem schaffte ich es erst im Jahr 2012 hierher. Geht man vom Bahnhof zum Blautopf, kommt man durch eine hübsche Innenstadt und an einem historischen Kloster vorbei. In der Finanzkrise des Jahres 2009 war Blaubeuren und seine Bahnstrecke plötzlich kurz in den Schlagzeilen, da der hier lebenden Milliardär Merckle einen Schienensuizid begann.

Blautopf

❖ Leutkirch

In Isny und Wangen schaut man fast ein bisschen auf Leutkirch herab. Von Isny aus gesehen fast schon im flacheren Unterland gelegen, keine so pittoreske und gemütliche Altstadt wie Wangen, und eher eine proletarische Arbeiterstadt mit viel Gewerbe. Dabei war Leutkirch einst eine freie Reichstadt, so wie Isny und Wangen. Eine Altstadt gibt es auch und einen richtigen Bahnhof. Für mich ist Leutkirch dennoch immer ein bisschen Terra Incognita geblieben. Dabei gehören viele interessante Ortsteile zu Leutkirch, teilweise mit eigenen Museen, so ein Glasmuseum. Im Ortsteil Rotis hatte der Designer Otl Aicher sein Wohnhaus und Atelier. Noch heute wohnt dort sein Sohn.

❖ Biberach an der Riß

Biberach ist eine unglaublich wirtschaftsstarke Stadt. Große Gewerbegebiete umgeben die sehr gut sanierte und aufgeräumte Altstadt. Man wähnt sich fast in der Schweiz. Aber irgendwie ist Biberach auch ein bisschen steril. Es fehlt der Charme der Bodenseestädte. Trotzdem bin ich in letzter Zeit nochmal hingefahren, denn der Wohlstand der Stadt bedeutet auch, dass es gut ausgestattete Museen gibt. Zum Beispiel das Stadtmuseum mit dem Braith-Mali Museum, wo Künstlerstudios der beiden Münchner Maler besichtigt werden können.

❖ Reutlingen

Reutlingen, früher *Stadt der Millionäre* genannt, und heute wichtiger Bosch-Standort, gefiel mir beim ersten Besuch nicht besonders gut. Die Altstadt ist nicht so kohärent, eine Mischung aus Fachwerkhäusern und wenig inspirierenden modernen Gebäuden. Beim zweiten Besuch im Jahr 2010 fand ich die Stadt schon besser, denn ich durchschritt die Spreuerhofstraße, die laut Guinness Buch der Rekorde schmalste Straße der Welt (stellenweise nur 31 cm breit). In dieser Straße blieb ich so lange hängen, dass ich meinen Zug verpasste.

❖ Isny

In Isny bin ich geboren. Eine sehr kleine Stadt, die aber Ecken und Blickachsen hat, wo sie größer und bedeutender wirkt. Zum Beispiel der Bereich Wassertorturm, St. Georg und Schloss, in welchem sich eine Kunsthalle befindet mit Werken des Isnyer Malers Friedrich Hechelmann (*1948). Wow, denkt man da kurz, das ist doch sehenswert. Und hinter der Stadt breitete sich eindrucksvoll der Höhenzug Adelegg aus. Im Ortsteil Großholzleute die auffällige historische Gastwirtschaft Adler. Hier traf sich vom 31. Oktober bis 2. November 1958 die Gruppe 47. Günter Grass las dabei aus der Blechtrommel vor und der Initiator der Gruppe, Hans Werner Richter (1908-1993), berichtete, wie begeistert alle waren, von dem, was sie hörten. Der Durchbruch von Grass als Schriftsteller fand also in Isny statt.

Altstadtgraben Isny

❖ Tettnang

Tettnang ist ein hübsches kleines Städtchen nicht weit vom Bodensee. Am Stadtschloss die Wappen verschiedener Gebiete, zu denen Tettnang, wie andere Orte in der Gegend, im Laufe der Zeit gehörte: Montfort (1182-1780), Österreich (1780-1805), Bayern (1805-1810), Württemberg (1810-1952), Baden-Württemberg (1952).

❖ Riedlingen

Riedlingen ist eine überraschend hübsche Kleinstadt an der Donau. Wenn man vom Bahnhof in die Innenstadt geht, stellt man sogar fest, dass es eine kleine Donauinsel gibt. Eine sanierte und aufgeräumte Innenstadt, mit ansehnlichem Rathaus aus dem 15. Jahrhundert erwartet einen, wenn man die auf einer Anhöhe über der Donau gelegene Altstadt hinaufgeht.

❖ Bad Urach

Bad Urach liegt sehr schön eingebettet in Höhenzüge am Fuß der Schwäbischen Alb. Nach einem Besuch der grazilen spätgotischen Stiftskirche und einem Spaziergang durch die sehenswerte fachwerkstatte Altstadt finde ich mich im Winter 2012 in einem beheizten Freiluftbad, durch Dampfschwaden die Winterlandschaft betrachtend.

❖ Rottenburg am Neckar

Als Katholik ging in noch bis in meine Jugend in die Kirche. Das ganze ehemalige Königreich Württemberg gehörte zur Diözese Rottenburg (-Stuttgart), was auch in den Gebetsbüchern zu lesen war. Lange dauerte es, bis ich dieses mysteriöse Rottenburg, welches leicht mit Rothenburg ob der Tauber zu verwechseln war, besuchen konnte. Vom württembergischen Allgäu aus gesehen lag die Stadt jenseits der Alb in einem toten Winkel und war schlecht zu erreichen. Unweit von Tübingen am Neckar gelegen, stellt sich Rottenburg jedoch als recht hübsche, gut sanierte Stadt heraus. Höhepunkt ist der gotische Dom St. Martin mit seinem grazilen Turm mit durchbrochenem Turmhelm. Um den Dom atmosphärische enge Gassen.

Andere Orte

Weingarten

Weingarten hat keinen direkten Bahnanschluss und vielleicht ist das der Grund, wieso ich hier erst einmal war.

Dominiert wird die Stadt von der riesigen Basilika (mit einer Länge von 102 Metern die größte Barockkirche Deutschlands) und das ist auch das einzige Gebäude, welches mir von meinem Besuch in Erinnerung blieb. Diesen weißen Fleck auf meiner mentalen Städtekarte muss ich bald mal schließen. 1939 wurde Weingarten von den Nazis nach Ravensburg eingemeindet, nach dem Krieg aber wieder selbständig. Anfang der 1970er Jahre gab es landesplanerische Bemühungen, in Oberschwaben ein richtiges Oberzentrum zu schaffen und die beiden Städte zu vereinigen. Das scheiterte aber am massiven Widerstand der Weingartner. Oft sind Nachbarstädte eben Rivalen.

Ehingen

Ehingen ist eine passable, jedoch nicht besonders pittoreske Mittelstadt, die man lange mit dem Namen Schlecker verband. Anton Schlecker gründete 1975 die Drogeriemarktkette, welche an seinem Wohnort Ehingen ihren Hauptsitz hatte und 2012 in Insolvenz ging. Als ich Ehingen im Jahr 2013 besuche, musste ich daran denken und wo und wie ein zeitweiliger Milliardär in so einer Mittelstadt wohl wohnt. Unweit von Ehingen wurde eine weitere Drogeriemarktkette gegründet: Müller in Ulm. Die Drogeriemarktkette DM stammt auch aus Baden-Württemberg, aus Karlsruhe.

Metzingen

Metzingens Altstadt ist klein und unspektakulär. Außer dem Rathaus und ein paar Keltern blieb mir von meinem letzten Besuch dort nicht viel in Erinnerung. Der Grund für die Anziehungskraft der Stadt sind auch vielmehr die Outlet-Center. Das fing einst mit dem Fabrikverkauft in einem Center des Metzinger Textilunternehmens Hugo Boss an und im Laufe der Zeit kamen immer mehr Outlet Stores hinzu. Als ich Metzingen im November 2011 besuche, hätte ich mir den Ort jedoch noch quirliger und mit mehr Outlet-Besuchern vorgestellt.

Bad Saulgau

Einst war Bad Saulgau für den Kleber-Express bekannt, einen Fern-Eilzug München-Freiburg, der in der Stadt hielt. Eingesetzt für diesen Zug, den es von 1954-2003, zumindest auf Teilstrecken gab und der immer wieder einstellungsbedroht war, hat sich auch die Saulgauer Familie Kleber. Besonders Andreas Kleber, der ein Hotel am Bahnhof hatte, setzte sich für den Zug ein, weswegen die Verbindung ab 1997 auch ganz offiziell *Kleber-Express* hieß. Als Kleber sein Hotel im Jahre 2000 schließen musste, verlor der Eilzug diesen Namen wieder. Bei Saulgau muss ich als Bahnfahrer immer an diese Geschichte denken. Jedoch kam ich die letzten beiden Male hier mit dem Auto an, im Rahmen einer Städtetour durch Oberschwaben. Am Marktplatz reicht es zu einem Drink. Die Stadt ist recht ordentlich und hübsch, mit einer Stadtkirche am Marktplatz, einer gemütlichen Fußgängerzone und etlichen Fachwerkhäusern. Hier bin ich immer wieder gerne.

Aulendorf

Aulendorf ist ein wichtiger oberschwäbischer Bahnknoten. Von Ulm kommend steigt man hier ins Allgäu um, zum Beispiel, um nach Wange oder Leutkirch zu gelangen. Am Bahnhof von Aulendorf war ich deshalb schon sehr oft. Diese kleine Eisenbahnerstadt schein sonst unbedeutend zu sein. Nur einmal versuchte ich, vom Bahnhof aus die Innenstadt zu erkunden. Eine große und lebendige Altstadt gibt es tatsächlich nicht. Doch mitten in der Innenstadt steht ein Schloss, welches mit seinem steilen Treppengiebel für eine dramatische Silhouette sorgt. Wow, denke ich da plötzlich, das hätte ich hier doch nicht so erwartet.

Besuchte Städte RB Tübingen: 39 von 57

Top 100-Städte Südwest (top 10 fett)
Ulm, Tübingen, Ravensburg, Bad Waldsee, Meersburg, Überlingen, Wangen, Pfullendorf, Friedrichshafen, Sigmaringen, Meßkirch, Blaubeuren, Biberach, Reutlingen, Isny, Tettnang, Riedlingen, Bad Urach, Rottenburg.

Andere besuchte Orte:
Albstadt, Aulendorf, Bad Buchau, Bad Schussenried, Bad Saulgau, Bad Wurzach, Balingen, Ehingen, Herbertingen, (Kißlegg), Langenau, Laupheim, Markdorf, Mengen, Metzingen, Ochsenhausen, Schelklingen, Scheer, Weingarten, (Wolfegg).

1.3 Regierungsbezirk Karlsruhe

Anfang der neunziger Jahre, lebte ich ein Jahr in Karlsruhe und im nahen Walzbachtal. Das Umland von Karlsruhe habe ich damals intensiv bereist. Zudem liegt die Region zentral im deutschen Bahnnetz. Vor allem in Mannheim steige ich sehr oft um. In diesem Regierungsbezirk gibt es vier Städte mit über 100 000 Einwohnern, mehr als in jedem der drei anderen Regierungsbezirke des Landes. Neben Mannheim und Karlsruhe, wo ich bereits mehr als 30x war, habe ich Pforzheim, Baden-Baden und Heidelberg bereits mindestens 5x besucht. Mindestens zweimal war ich in Bretten, Horb, Weinheim und Schwetzingen. Am stärksten beeindruckt hat mich Heidelberg, gefolgt von Baden-Baden. Karlsruhe, durch den Bau der Kombilösung ewige Baustelle, muss man sich erarbeiten, an Mannheim muss man sich gewöhnen.

Die 10 Städte, welche mich am meisten beeindruckten

❖❖ **Heidelberg**

Auch in Heidelberg ist der Einstieg in die Stadt nicht so großartig, vor allem, wenn man mit dem Zug am Hauptbahnhof ankommt. Die Innenstadt ist weit weg und verzichtet man auf die Straßenbahn, ist es ein sehr weiter Fußmarsch. Die Altstadt ist dann aber beeindruckend. Man geht durch die längste Fußgängerzone Deutschlands, bis man den Marktplatz erreicht hat. Von dort zur alten Brücke und dann genießt man ein Bilderbuchpanorama. Fast noch besser wird es, wenn man auf der nördlichen Neckarseite die Hänge zum Philosophenweg hoch geht. Von dort ein herrlicher Blick auf die Altstadt und wie sie in die Höhenzüge des Königsstuhls eingebettet ist. Als ich mit

einer brasilianischen Freundin einmal hier war, war sie
gleich begeistert und nutzte lange ein Heidelberg-Bild auf
Facebook. Auch Besucher aus anderen europäischen Ländern bestätigen mir immer wieder, wie gut ihnen Heidelberg gefallen hat. Im April 2018 bin ich in Heidelberg, um
eine Opernaufführung zu sehen. Ich habe noch ein bisschen
Zeit, die meisten Geschäfte schließen aber schon. Da fällt
mir ein, dass der Grafiker Klaus Staeck (*1938) sein Büro
in der Altstadt hat. Ich gehe hin und tatsächlich sitzt Staeck
hinter einem Schreibtisch in einem mit Büchern, Kunst-
werken und Postkarten vollgestopften Raum. Er ist gleich
bereit, ein paar seiner Postkarten zu signieren, die ich später
an Freunde verschicke. Doch viele der Jüngeren kennen
diesen wichtigen Plakatkünstler gar nicht mehr.

Karl-Theodor-Brücke (Alte Brücke) in Heidelberg

❖ Karlsruhe

Karlsruhe wurde 1715 Jahren gegründet und gilt mit seinem
Fächergrundriss (deshalb auch Fächerstadt) als klassische
Planstadt. In gewisser Weise war sie sogar Vorbild von
Washington. Der regelmäßige Grundriss der Innenstadt, das

relativ geringe Alter und Bundeseinrichtungen tragen zum Ruf einer eher langweiligen Beamtenstadt bei. In der Tat muss man sich die Qualitäten der Stadt erst erarbeiten. Eine Bekannte, welche dort wohnt, nannte sie mal fade, jedoch mit guter Lebensqualität. Unter Verkehrsplanern ist die Stadt wegen des Karlsruher Modelles bekannt, Straßenbahnen, die auf Eisenbahnschienen fahren. Initiator des Systems war der Stadtbahnpapst Dieter Ludwig, welcher im Juli 2020 verstarb. Im Oktober 1992 war ich auf einer Konferenz zum Rheinkorridor in Mannheim. Der ehemalige ZEIT-Journalist Rudolf Walther Leonhardt (1921-2003) sprach dort ebenfalls und als ich mit ihm ins Gespräch kam, erwähnte ich Karlsruhe und das dortige Modell. Er hatte noch nie davon gehört und meinte, das geht doch gar nicht, Straßenbahnen auf Eisenbahngleisen, die passten doch da gar nicht drauf. Die Spurweite (1435 mm) war in Karlsruhe jedoch dieselbe. Ich fand es bedauerlich, dass Metropolen-journalisten so wenig von kleineren deutschen Großstädten, aus ihrer Sicht der Provinz, wussten. Das Modell hat hier so gut funktioniert, dass die Karlsruher Stadtbahn immer weiter ins Umland vorgedrungen ist, ja sogar bis Heilbronn und Baden-Baden. Der Schienenverkehr in der Innenstadt nahm deshalb so zu, dass man sich gezwungen sah, die Bahn in der zentralen Einkaufsstraße, der Kaiserstraße, unter die Erde zu legen. Diese so genannte Kombilösung (inkl. Kriegsstraße) ist das große Projekt in Karlsruhe seit vielen Jahren. Karlsruhe gilt deshalb seit Jahren als Stadt der Baustellen. Mittlerweile ist ein Licht am Ende des Tunnels abzusehen, der zentrale Tunnel soll Ende 2021 eingeweiht werden. Neue Baustellen, wie das Stadttheater, sind jedoch hinzugekommen.

Ein anderes Bild der Stadt ergibt sich, wenn man den Stadtteil Durlach mit seinem mittelalterlichen Grundriss besucht. Hier gibt es auch Höhenzüge und sogar eine Standseilbahn.

❖❖ Baden-Baden

In Baden-Baden war ich noch gar nicht so oft. Für mich als Bahnfahrer ist es ein echter Nachteil, dass die Innenstadt so weit vom Bahnhof entfernt liegt. Andererseits ist der alte Stadtbahnhof zum Festspielhaus umgebaut worden, der ehemalige Fahrkartenverkaufsraum ist jetzt der Kassenraum des Hauses. Baden-Baden hat heute mit dem Festspielhaus den größten Opernsaal Deutschlands. Ein weiterer Grund nach Baden-Baden zu fahren, waren für mich immer die Kunstmuseen, vor allem das Burda-Museum. Und schließlich gab es noch einen dritten Grund: die Bergbahn. An den baummäßig zerzausten Höhenzügen sieht man allerdings, dass der Sturm Lothar 1999 Lücken in die Wälder geschlagen hat.

❖ Mannheim

Mannheim where the streets have no names, meinte mal ein Kollege, der dort arbeitet, als ich Schwierigkeiten hatte, seine Adresse zu finden. Und tatsächlich, in dieser absolutistischen Planstadt haben die Straßenblöcke Nummern. Zusammen mit den Kriegszerstörungen und der Wiederaufbauarchitektur führt diese Blockstruktur zu einem eher atmosphärearmen Stadtbild. Vom passablen und relativ zentral gelegenen Bahnhof ist man schnell in der Innenstadt, aber dort erwarten einen einfach keine so richtigen Highlights. In Mannheim weint man eben zweimal, sagen die Studenten. Einmal, wenn man dort ankommt und einmal, wenn man wieder abreisen muss, nachdem man die Qualitäten der Stadt wie Kompaktheit, zentrale Lage und Bezahlbarkeit erstmal geschätzt hat. Einmal muss ich einen Vortrag in Mannheim zum Thema Innovation halten und ich erwähne, dass in der Stadt das Fahrrad (Drais), das Auto (Benz) und der Traktor (Lanz) erfunden wurden. Auch das Spaghetti-Eis wurde ein Mannheim entwickelt, von einem italienischen Eiscafébesitzer und mithilfe einer Spätzlespresse. Leider war dem Erfinder ein Patent zu teuer, so dass die Erfindung ungeschützt blieb.

Als ich mit einer Bekannten und ihrem kleinen Sohn im Sommer 2020 in Mannheim bin, suchen wir extra eine Eisdiele, um das Spaghettieis endlich auszuprobieren und werden bei einem Italiener fündig.

Mannheim Hafen im Viertel Jungbusch

❖ Weinheim

Vor vielen Jahren kam einmal an einem Spätsommertag in Weinheim an und ging vom Bahnhof den Hügel in die Altstadt hinauf. Der zentrale Altstadtplatz schien so idyllisch und in grüne Höhenzüge eingebettet, dass ich ganz angetan war. Im Sommer 2019 war ich wieder dort und fand die Stadt angenehm, aber nicht so herausragend, wie ich sie in Erinnerung hatte.

❖ Horb

Die Horber Altstadt liegt hoch auf dem Berg, weit über dem Neckar und dem Schienenstrang. In den späten 1980er und frühen 1990er Jahren war ich hier zweimal, um die *Horber*

Schienentage zu besuchen. Als ich das einem Kollegen erzähle stutzt er. Er hatte *Auberginentage* verstanden. Horb hat auch eine längere Geschichte von Stadtslogans. In den 1960er Jahren hieß es, `Bist du Gast in Horb, bist du Hahn im Korb´. Seit Ende der 1990er warb die Stadt mit dem Slogan `Horb mag dich´. Sogar die Weltstadt München hat später dieses Slogan-Schema übernommen. Doch in Horb fand man das zu nichtssagend und experimentierte mit *Horb ist größer als du denkst*. So richtig warm wurde man mit diesem Spruch auch nicht und so gibt es heute keinen offiziellen Stadtslogan. Immerhin hat die Stadt sowieso einen Zusatz, denn offiziell heißt sie *Horb am Neckar*.

❖ Mosbach

In Mosbach war ich erst einmal, kann mich jedoch noch an eine besonders fachwerksatte Stadt erinnern. An der Nordseite des Marktplatzes das üppig verzierte Palmsche Haus, an der Südseite weitere Fachwerkhäuser, teilweise auf Sandsteinsockeln. Dazu ein auffallendes weißes Rathaus mit hohem Turm. Dieser Platz hat weit und breit nicht seinesgleichen.

❖ Ladenburg

Ladenburg ist eine sehr alte, bereits auf die Römerzeit zurückgehende Stadt. Sie sieht sich in Deutschland als älteste Stadt rechts des Rheins. Ich war erst einmal dort, es wurde bereits dunkel und fand eine gut erhaltene historische Altstadt mit schönem fachwerkgesäumtem Marktplatz vor.

❖ Calw

In der schönen württembergischen Fachwerkstadt Calw dreht sich alles um den hier geborenen Schriftsteller Hermann Hesse. Es gibt eine Hermann-Hesse-Brücke, einen Hermann-Hesse-Platz mit Hesse-Brunnen, ein Hesse-Denkmal und auch ein Hesse-Museum. Was mich als Bahnfahrer immer gewundert hat, ist die schlechte Bahnerreichbarkeit von Stuttgart aus. Die Strecke Weil der Stadt-Calw wurde 1988 stillgelegt. Der stillgelegte Abschnitt wurde 1994 vom Landkreis Calw gekauft, um hier den Schienenverkehr wieder aufzunehmen. Seither ist mehr als ein Vierteljahrhundert vergangen und es fahren immer noch keine Züge. Als ich Calw 1992 besuche, komme ich von Pforzheim her angereist und stelle verwundert fest, dass die Bahnstation über einem Parkhaus liegt und man einen Aufzug benutzen muss, um in die Stadt zu gelangen.

❖ Ettlingen

Ettlingen ist das Wangen bzw. Dinkelsbühl Badens. Wenn man in Mittelbaden nach einer schönen Kleinstadt fragt, wird oft Ettlingen genannt. Wohlhabend, übersichtliche gut sanierte Innenstadt mit kleinem Fluss und schöner Lage am Rande des Schwarzwaldes sind Punkte, die für Ettlingen sprechen.

Weitere Orte in den Top 100 Südwest:

❖ Pforzheim

Pforzheim ist das Heilbronn Badens. Eine einst schöne Stadt, im Krieg völlig zerstört und dann medioker wiederaufgebaut. Beide Städte sind zudem von Flüssen geprägt. Heilbronn mit wichtigem Neckarhafen, Pforzheim mit einem Namen, der sich von Portus/Hafen ableitet. In beiden Städten hat ein hoher Anteil der Bevölkerung einen Migrationshintergrund. Heilbronn hat in den letzten Jahren Anstrengungen unternommen, die architektonische Tristesse durch moderne Akzente zu überwinden, beschleunigt durch die Bundesgartenschau. In Pforzheim, wo die

Nachkriegsarchitektur von besserer Qualität ist als in Heilbronn, sind eher kleinere Verbesserungen erreicht worden, darunter der neue Busbahnhof. Für mich ist durch die Topografie Pforzheim einen Tick interessanter: Pforzheim liegt schön zwischen Höhenzügen und hier fließen mehrere Flüsse zusammen, darunter Enz, Nagold und Würm. Vielleicht auch, weil ich noch nicht so oft dort war wie in Heilbronn, habe ich in Pforzheim noch das Gefühl, neue Dinge entdecken zu können. Pforzheim ist deutsche Schmuckhauptstadt und trägt den Beinamen Goldstadt, der nicht ganz zur nüchternen Realität passt. Bei meinem ersten Besuch sehe ich am Bahnhof denn auch das Graffito *Goldstadtschmotz*.

❖ Alpirsbach

Das Stadtzentrum der Schwarzwaldkleinstadt Alpirsbach wird von einer eindrucksvollen Sehenswürdigkeit geprägt, dem Kloster, einer ehemaligen Benediktinerabtei, errichtet 1095 in romanischem Baustil. Um das Kloster ein Altstadtkern mit einigen Fachwerkhäusern. Und das alles zwischen Schwarzwaldhängen. Im Dezember 2021 besuche ich abends die Kleinstadt und bin von ihrer Atmosphäre ganz angetan.

❖ Dornstetten

Eine pittoreske Schwarzwald-Kleinstadt ist auch Dornstetten. Hier fallen die vielen Fachwerkhäuser an der Hauptstraße auf, der gute Sanierungszustand der Innenstadt und die vielen lauschigen Winkel in der Altstadt. Was vielleicht fehlt, ist eine belebte Fußgängerzone mit gutem Einzelhandelsangebot. Aber dafür ist die Stadt zu klein und zu wenig zentral gelegen.

❖ Bretten

Vor vielen Jahren lebte ich in Walzbachtal und war in der Planung der Stadtbahn Karlsruhe-Bretten-Heilbronn involviert. So kam ich auch in die Melanchthon-Stadt Bretten. Der lutherische Kirchenreformator Philipp Melanchthon (1497-1560) wurde in Bretten geboren. Eine ordentliche, gut erhaltene Kraichgau-Fachwerkstadt, wie es mir schien. Beeindruckend das historistische Melanchthon-Haus, welches an der Stelle gebaut wurde, wo bis 1689 das Geburtshaus von Melanchthon stand.

❖ Freudenstadt

Freudenstadt ist eine einst vom `schwäbischen Leonardo´ Schickhardt entworfene Planstadt. Der soll von einer Dürer-Zeichnung inspiriert worden, welche die Aztekenstadt Tenochtitlan darstellte. Im Zweiten Weltkrieg wurde Freudenstadt so stark zerstört, dass die ganze Innenstadt wieder aufgebaut werden musste. Das erfolgte auf alten Grundrissen, aber in einer 1950er Jahre-Version des Heimatschutzstils. Der erfolgreiche Wiederaufbau wurde auch `Wunder von Freudenstadt´ bezeichnet. Freudenstadt hat zudem den größten Marktplatz Deutschlands. Kehrseite ist allerdings, dass man hier keine der typischen verwinkelten schwäbischen Fachwerkstädte vorfindet. Bei meinem ersten und einzigen Besuch im Jahr 1991 erwartete ich eine pittoreske Schwarzwaldstadt und war erstmal enttäuscht. Ich muss nochmal hinfahren um die Geschlossenheit des 1950er Wiederaufbaucharmes richtig würdigen zu können. Die Regenborgenpresse wurde später auf Freudenstadt aufmerksam, weil der griechischstämmige Schlagersänger Costa Cordalis lange im Stadtteil Kniebis wohnte.

❖ Bad Herrenalb

Die Albtal Verkehrsgesellschaft (AVG) der Karlsruher Verkehrsbetriebe fuhr bereits vor dem großzügigen Ausbau der Karlsruher Stadtbahn bis nach Bad Herrenalb im Schwarzwald. Das ist nicht weit von Karlsruhe, lag aber einst im Königreich Württemberg. Der Leiter der Karlsruher Verkehrsbetriebe Ludwig (Vater des Karlsruher Systems von Stadtbahnwagen auf Eisenbahnschienen) machte einmal den Witz, die Frauen in der Bahn müssten ihre Handtaschen festhalten, denn diese führe nach Württemberg (wo die geizigen Schwaben wohnen).

❖ Bühl

Anfang der 1990er Jahre arbeitete ich in einem Verkehrsplanungsbüro in Karlsruhe und war zwecks Verkehrszählung in Bühl. Ich fand diese Kleinstadt spontan attraktiv, doch als ich dies einer Kollegin ohne großen Enthusiasmus kundtat, meinte sie, das sei wohl ironisch gemeint, weil ich es mit Kleinstädten nicht so hätte.

❖ Walldürn

Walldürn ist eine vorzeigbare Kleinstadt mit viel rötlichem Sandstein und Fachwerk und einer Pilgerkirche. Als Kind war ich mal hier bei meiner Tante. Weil ich die Allgäuer Berge am Horizont und die Wälder und Wiesen vermisste, in denen man so gut spielen konnte und mit dem fränkischen Dialekt und dem Ackerland fremdelte, gefiel es mir hier damals jedoch nicht so gut.

❖ Gernsbach

Im Winter 1990/91 besuche ich Baden-Baden. Ich fahre mit der Merkurbahn den Berg hoch und wandere auf der anderen Seite des Merkur nach Gernsbach hinunter und finde dort eine topographisch interessant gelegene Stadt mit wunderbarer Altstadt vor. Gernsbach, fast ein Geheimtipp, die Stadt muss ich nochmal ausführlicher in Augenschein nehmen.

❖ Rastatt

Auf mich wirkte Rastatt bisher immer recht fade, mit Ausnahme des wunderbaren Residenzschlosses. Ich ging davon aus, dass die Stadt im Krieg zerstört worden war, das Schloss aber in alter Schönheit rekonstruiert wurde. Das hatte ich jedoch mit Bruchsal verwechselt. Rastatt durchlief den Zweiten Weltkrieg unbeschadet, war jedoch im Jahr 1689 von französischen Truppen niedergebrannt worden. Mittelalterliche Architektur gibt es deshalb hier nicht. Später wurde Rastatt Residenzstadt und bekam dieses in seiner Farbgebung und Sandsteintextur beeindruckende Stadtschloss.

Schloss Rastatt

52

Renchen

Von Karlsruhe nach Offenburg unterwegs, steige ich einmal mit dem Zug in Achern aus, finde dort aber außer der frühgotischen Nikolauskappelle wenig Sehenswertes. Der nächste Stopp ist Renchen. Auch dort gibt es wenig zu sehen, aber immerhin ein Denkmal für den größten deutschen Barockdichter, Johann Jacob Christoph von Grimmelshausen (1621-1676), der hier ab 1667 Schultheiß war und den `abentheuerlichen Simplicissimus´, Deutschlands ersten Schelmenroman, schrieb. Renchen nennt sich deshalb Grimmelshausenstadt. Es gibt neben dem Grabmal auch ein Grimmelshausen-Haus mit Denkmal und Museum. Ansonsten ist die Stadt sehr klein mit nur wenigen historischen Gebäuden. Immerhin liegt auf einer Anhöhe ein kleiner Stadtpark, der schöne Blicke über Stadt und Landschaft bietet.

Wiesloch

Im Sommer 2020 kam ich im Bahnhof Wiesloch-Walldorf an. Auf der einen Seite der Schienen liegt Wiesloch, auf der anderen Walldorf. Wegen Bertha Benz schaute ich mir erst Wiesloch an. Diese unternahm im August 1888 mit dem gerade von Carl Benz erfundenen Auto, und ohne ihn zu fragen, eine Spritztour nach Pforzheim. Doch in Wiesloch ging der Treibstoff aus und Tankstellen gab es ja noch keine. Sie hielt vor der Stadtapotheke und dort gab man ihr das auf Alkohol basierende Fleckenmittel Ligroin, was ihr die Weiterfahrt ermöglichte. Heute ist an der Apotheke eine Gedenktafel angebracht, die sie als erste Tankstelle der Welt ausweist. Einst fragt Hasso Plattner in Wiesloch bei der Volksbank nach einem Kredit für eine Softwarefirma, die er gründen wollte. Der wurde jedoch abgelehnt.

Walldorf

Und so probierte Plattner es in Walldorf. Dort wurde der Kredit bewilligt und so wurde die Stadt später zum Hauptsitz von SAP, Europas größter Softwarefirma. Ich lasse mich von einem Taxifahrer zur ummauerten und schwer bewachten Plattner-Villa fahren. Der Taxifahrer meint auch, jedes Jahr würde SAP in Walldorf ein neues Gebäude hochziehen. Zurzeit sind es Wohnungen für Mitarbeiter. Plattner wollte der Stadt auch einen Fußballverein spendieren. Doch man wollte nicht noch mehr Verkehr in der Stadt haben und so kam dieser nach Hoffenheim. Walldorf ist jedoch nicht nur wegen SAP in aller Munde, sondern vor allem auch wegen Johann Jakob Astor (1763-1848). Der wanderte bereits mit 16 nach London aus und ging vier Jahre später in die USA. Dort wurde er zu einem erfolgreichen Unternehmer und als er 1848 starb, war er der reichste Mann Amerikas. Nachkommen Astors gründeten Unternehmen, die den Ortsnamen (mit einem l) in sich trugen, so das Waldorf-Astoria Hotel, nachdem der

Waldorf-Salat benannt ist und die Waldorf-Astoria-Zigarettenfabrik, nach der die Waldorf-Schulen benannt sind. Die erste Rudolph-Steiner-Schule wurde von der Waldorf-Astoria Zigarettenfabrik in Stuttgart eingerichtet.

Jacob Astor Standbild in Walldorf

Gaggenau

Gaggenau ist keine alte und besonders historische Stadt. Gaggenau war lange nur ein Dorf, wuchs aber in der Industrialisierung sehr schnell. Als Industriestadt wurde es im Zweiten Weltkrieg stark zerstört und später im Nachkriegsstil wieder aufgebaut. Das Besondere an Gaggenau ist deshalb die Prägung durch die Baustile der 1950er bis 1970er Jahre. Die Stadt ist nicht in klassischem

Sinne schön, aber für einen Architekturinteressierten als Zeitzeuge der Nachkriegsarchitektur dennoch nicht uninteressant.

Bruchsal

Bruchsal ist vielleicht die badische Stadt, deren Bausubstanz im Zweiten Weltkrieg am stärksten litt. Im März 1945 wurde von US-Bombern die Innenstadt und das Schloss völlig zerstört. Bis in die 1970er Jahre wurden die Schlossfassaden im Wesentlichen wieder aufgebaut und einzelne Säle rekonstruiert. Ansonsten weist der Stadtkern nur noch wenige Gebäude mit historischer Anmutung auf. Im Jahre 1991 laufe ich hier durch die Straßen und finde nur wenig Atmosphäre vor. Außer für das Schloss ist Bruchsal für die Justizvollzugsanstalt, dem Café Achteck bekannt.

Hockenheim

Die Mittelstadt Hockenheim ist überregional für den Hockenheimring bekannt, auf welchem auch Formel-1-Rennen stattfinden. Die Stadt selbst ist nicht besonders hübsch, aber architektonisch nicht uninteressant. Es gibt mehrere Jugendstilbauten, darunter ein Wasserturm (1910), die Evangelische Stadtkirche (1906) und die Katholische Kirche (1911) mit ihrem 64 m hohen Turm. Durch das Zentrum der Stadt fließt der Kraichbach. Als ich im Januar 2022 die Stadt kurz besuche und zum modernen Bahnhof zurückhaste, bedauere ich fast, nicht mehr Zeit mitgebracht zu haben. Am Bahnhofsplatz finde ich immerhin noch interessante Informationen zum Hockenheimring, bevor ich abreise.

Andere Städte: Nördlich von Hockenheim liegt **Schwetzingen**, wo Schloss und Schlosspark eine bedeutende Sehenswürdigkeit darstellen. Südlich liegt **Waghäusl**, hier sehe ich im Januar 2022 eine atmosphärisch beleuchtete Eremitage.

Besuchte Städte Regierungsbezirk Karlsruhe: 38

<u>Top-100 Städte Südwest im RB (top-10 fett)</u>
Heidelberg, Karlsruhe, Baden-Baden, Mannheim, Weinheim, Horb, Mosbach, Ladenburg, Calw, Ettlingen, Pforzheim, Bretten, Dornstetten, Freudenstadt, Gernsbach, Bad Herrenalb, Bühl, Walldürn, Rastatt, Alpirsbach.

<u>Andere besuchte Orte:</u>
Achern, Bruchsal, Buchen i. O., Eberbach, Gaggenau, Graben-Neudorf, Hockenheim, Knittlingen, Kuppenheim Neckargemünd, Neulußheim, (Remchingen), Renchen, Rheinstetten, Schwetzingen, Stutensee, Waghäusl, Walldorf, Wiesloch.

1.4 Regierungsbezirk Freiburg

Den landschaftlich attraktiven Regierungsbezirk Freiburg habe ich durch seine zentrale Verkehrslage bereits oft besucht. Manchmal durchquere ich ihn auf dem Weg in die Schweiz, manchmal von Frankreich kommend auf dem Weg ins Allgäu.

Recht oft war ich deshalb in Offenburg (20x), aber auch Freiburg, Weil am Rhein und Kehl habe ich bereits mehr als 10 x besucht. Mehr als 5 x war ich bereits in Konstanz, Singen und Radolfzell. In den anderen Orten war ich erst ein- oder zweimal.

Die 10 Städte, welche mich am meisten beeindruckten

❖❖ Freiburg

Freiburg gehört wegen seiner südlichen Lage, nahe zur Schweiz und zu Frankreich, der schönen Landschaft und der sehenswerten und gemütlichen Altstadt zu den beliebtesten deutschen Städten. Die vielen Studenten bringen zudem Leben und Ideen in die Stadt und Freiburg gilt als Öko-Hauptstadt Deutschlands. In Freiburg war ich schon mehr als ein Dutzend Mal, doch oft stellte sich die Begeisterung nicht gleich ein. Denn der Bahnhof ist modern und eher atmosphärearm und die Bahnhofstraße macht auch nicht besonders viel her. Man sieht der Stadt auch an vielen Stellen die starken Kriegszerstörungen an. In der Altstadt dann allerdings viele kleine belebte Sträßchen, durch die kleine Bächlein fließen. Das Münster und sein Platz sind auch sehr beeindruckend. Hinter dem Münster geht es steil die Schwarzwaldhänge hoch und oben kann man in einem Biergarten wunderbar auf die Stadt herabsehen. Freiburg ist auf jeden Fall eine attraktivsten Städte Deutschlands, was auch an den Immobilienpreisen abzulesen ist.

Blick auf Freiburg

❖❖ Konstanz

Konstanz ist, was die Innenstadt betrifft, weniger auf den See ausgerichtet als andere Bodenseestädte. Dafür hat man eine in sich ruhende riesige Altstadt, die in ihrer Perfektion an Schweizer Städte erinnert. Tatsächlich wimmelt es an Samstagnachmittagen in der Stadt von Schweizer Einkaufstouristen, da die Lebensmittelpreise deutlich billiger sind als in der Eidgenossenschaft. Auf dem Höhepunkt der Coronakrise wurde an der Grenze zum schweizerischen Kreuzlingen jedoch ein Doppelzaun aufgestellt, was für die Bewohner eine Art kafkaeske Schockwirkung hatte.

Konstanzer Innenstadt zur Fasnachtszeit

❖ Waldshut-Tiengen

Waldshut liegt sehr nahe an der Schweizer Grenze. Die Stadt wirkt schweizerisch in ihrer Architektur und fast puppenstubenartig. Auch sind Eidgenossen oft zum Einkaufen hier, Lebensmittel sind hier erheblich günstiger als südlich des Rheins. Einmal besuche ich den hübschen Teilort Waldshut, Jahre später den ebenfalls sehenswerten Ort Tiengen. Als ich im Sommer 2020 wiederkomme und ein Bild poste, meint eine aus der Schweiz kommende Kollegin, das sähe sehr nach einer Schweizer Stadt aus. Als ich die Fassaden genauer betrachte, habe ich jedoch das Gefühl, dass diese in der Schweiz doch noch perfekter saniert sind. Vor allem an der Aare habe ich manche perfektere Stadt vorgefunden.

❖ Rottweil

Rottweil ist die älteste Stadt Baden-Württembergs und bekannt für den Fastnachtshöhepunkt Narrensprung. Wenn man vom Bahnhof den weiten Weg in die perfekte, schweizerisch anmutende Altstadt geht, sieht man eine neue Sehenswürdigkeit am Horizont: den 246 Meter hohen Aufzugstestturm. Man wundert sich, dass ein solcher Eingriff in die Stadtsilhouette überhaupt genehmigt wurde. Aber Baden-Württemberg ist forschungsorientiert und Rottweil liegt in einem ökonomisch toten Winkel, litt an Abwanderung und erhofft sich wirtschaftliche Impulse durch den Turm, zum Beispiel eine steigende Besucherzahl. ☞Rottweil ist Hundekennern durch die entsprechende Hunderasse bekannt.

Rottweil Innenstadt- Blick auf das Schwarze Tor

❖ Villingen-Schwenningen

Das besondere an der Doppelstadt ist, dass die Teilstadt Villingen im einstigen Land Baden liegt, Schwenningen jedoch in Württemberg. Schwenningen liegt zudem am Neckar, Villingen an der Brigach, welche mit der Breg zur Donau zusammenfließt. Bisher war ich erst in Villingen, einstmals eine Reichsstadt und noch heute mit sehenswertem mittelalterlichem Stadtbild mit Stadttoren. Im Sommer 2020 treffe ich hier meine Nichte. Wir stehen an einem Punkt in der Stadt, von dem aus man gleich drei Stadttore sieht. Meine Nichte meint, die wären so verwirrend ähnlich, dass sie manchmal nicht sicher war, an welchem Tor sie jetzt das Fahrrad abgestellt hatte. Neben den Stadttoren ist auch das Münster mit seiner rötlichen Sandsteinfassade recht sehenswert. Jetzt müsste ich nur noch Schwenningen besuchen.

❖ Donaueschingen

Nicht weit von hier liegt Donaueschingen wo, wie man sagt, die hier zusammenfließenden Flüsse *Brigach und Breg die Donau zuweg bringen*. In Donaueschingen gibt es noch die skulptural eingefasste symbolische Donauquelle (Donaubachquelle), die ich beim letzten Mal fotografiere, um Freunde im Donauland Rumänien zu beeindrucken. Ein Betonrelief zeigt, dass die Donau durch 10 Länder fließt, in welchen 8 verschiedene Sprachen gesprochen werden. Donaueschingen ist auch Musikfreunden bekannt, weil hier jeden Herbst die *Donaueschinger Musiktage* stattfinden.

❖ Engen

Fährt man mit der Schwarzwaldbahn weiter Richtung Singen sieht man vom Zug auf einem Hügel die pittoreske Stadtsilhouette von Engen, eine der schönsten historischen Kleinstädte der Region.

❖ Gengenbach

Es gibt drei Dinge, welche Gengenbach über das Niveau anderer pittoresker kleine Schwarzwaldstädte hinausheben. Zum einen lebte der Politiker Wolfgang Schäuble bis 2011 in Gengenbach. Zudem wird jedes Jahr das Rathaus zum größten Adventskalender der Welt. Und dann gibt es noch mehrere markante Stadttore, so das Obertor, das jedem Disney-Film zur Ehre gereichen würde.

❖ Lörrach

Lörrach ist eine große behagliche Mittelstadt, die sich ein wenig in der äußersten Südwestecke Deutschlands nahe bei Basel im Schwarzwald versteckt. Der Fußballtrainer Ottmar Hitzfeld wurde in Lörrach geboren und begann seine Fußballerkarriere in der nahen Schweiz. Die Schweizer selbst kommen gerne zum Einkaufen her und man findet einen entsprechend gut sortierten Einzelhandel.

❖ Radolfzell

Von Radolfzell hat man eine wunderschöne Aussicht auf den Bodensee, dessen Teilsee hier Zeller See heißt. Oft bin ich hier mit dem Zug durchgekommen oder umgestiegen, aber nur selten habe ich je den Bahnhof verlassen. Als ich das einmal mache stoße ich auf eine sehenswerte Altstadt. In der Nähe des Bahnhofs ein Stadtpark, der auch *schönster Wartesaal der Deutschen Bahn* genannt wird.

Weitere Städte in den Top 100 Südwest

❖ Bad Säckingen

Bad Säckingen scheint die Quermania-Internet-Liste der sehenswertesten Städte in Baden-Württemberg sehr ernst zu nehmen und zu entsprechenden Votings zu animieren, denn diese Kleinstadt steht an der Spitze der aufgelisteten schönsten Städte in diesem Bundesland. So spektakulär ist das Stadtbild jedoch auch wieder nicht. Allerdings hat die Stadt die längste gedeckte Holzbrücke Europas.

❖ Haslach

Nach einem Besuch von Hausach erreiche ich im Februar 2014 das wesentlich pittoreskere Haslach, dessen Altstadtkern mit etlichen Fachwerkhäusern, aber auch interessant bemalten Putzfassaden, sehr gut erhalten scheint. Zu dieser Jahreszeit ist deutlich zu spüren, dass beide Städte Fasnachtshochburgen sind.

❖ Wolfach

Im Februar 2014 bin ich kurz in Wolfach und erinnere mich noch, wie sich die Stadt die Kinzig entlang zieht und dass sie eine sehenswerte Innenstadt mit bunten historischen Fassaden und schönem Rathaus hat.

❖ Oberkirch

Im August 2021 sehe ich zuerst das schön gelegene, aber winzige Oppenau. Oberkirch wirkt dagegen wie eine richtige Stadt, mit belebter Fußgängerzone, Läden und Restaurants und etlichen schönen Fachwerkhäusern. Sowohl Stadtbäche mit romantischen Winkeln als auch moderne Architektur (Mediathek) gibt es hier. An Abfalleimern der sympathische Spruch *sauberhaftes Oberkirch*.

❖ Titisee- Neustadt

Titisee-Neustadt ist ein Touristenort am Titisee im Schwarzwald. Hier finden sich Touristen aus aller Herren Länder, in letzten Jahren zunehmend aus Asien. Zu den

Japanern, die hier Schwarzwaldatmosphäre erleben wollen, sind Inder und Chinesen gekommen, die Kuckucksuhren kaufen und Araber, die der Sommerhitze der Golfstaaten entfliehen wollen. So sieht man hier im Sommer nicht wenige tief-schwarz verschleierte Frauen. Titisee ist zur Hochsaison bereits over-touristed. Was den Ort dennoch erträglich macht, ist die gute Schwarzwaldluft und der idyllische Titisee. Ich übernachte hier im März 2014 in einem Hotel mit schönem Blick auf See und Schwarzwaldkuppen und spaziere an einer noch nicht überlaufenen Promenade entlang.

❖ Offenburg

Offenburg ist eine der badischen Städte, welche ich bisher am häufigsten besucht habe. Das liegt teilweise daran, dass ich hier immer wieder umsteigen musste. Manchmal war die Umsteigezeit so bemessen, dass ich mir noch kurz die Stadt anschauen konnte. Offenburg eine annehmbare, aber irgendwie auch fast mittelmäßige Stadt: weder groß noch klein, weder schön noch hässlich.
Auch der Bahnhof macht nicht viel her. Die Bahnhofshalle liegt recht weit von der Bahnhofsunterführung und den Gleisen und auf dem Weg dorthin muss man an abgestellten Fahrrädern vorbeilaufen. Manche meinen, der Bahnhof wäre keine gute Visitenkarte für die Stadt und Deutschland für aus Frankreich kommende Bahnfahrgäste.

❖ Löffingen

Im März 2014 fahre ich mit dem Zug von Titisee nach Donaueschingen und aus dem Zugfenster erscheint Löffingen als lohnendes Reiseziel. Doch erst im August 2021 schaffe ich es, die Stadt zu besuchen. Erstaunt stelle ich fest, dass gerade einem Großbrand gedacht wird, der große Teile der Innenstadt vor 100 Jahren zerstörte. Viele

Gebäude wurden in der alten Kubatur, doch vereinfacht wieder aufgebaut, was man auf dem zweiten Blick auch sieht. Löffingen ist dennoch eine hübsche kleine Stadt mit überraschend vielen Treppengiebelhäusern.

❖ **Bräunlingen**

Was mir in Bräunlingen auffiel und was ich mir dort nicht ganz erklären konnte, war die großzügig bemessenen breiten Straßen in der historischen Altstadt. Normalerweise ging es innerhalb der Altstadtmauern ja sehr eng zu. Auch scheint die Altstadt eine Mischung zwischen alt und neu zu sein. Einziges auffallendes Gebäude ist ein hoher Stadtmauerturm mit Fachwerkelementen. Darauf ist zu lesen, dass die Stadt bis 1805 zu Österreich gehörte. Als ich das poste meint ein Österreicher, bitte zurückgeben. Ein Schweizer kommentiert, Bräunlingen wäre eine Zähringerstadt wie Freiburg, Bern oder Fribourg. Bräunlingen ist eine hübsche, aber unspektakuläre Stadt.

❖ Tengen

Tengen ist ein kleines badischen Landstädtchen. In der Altstadt ein sehr pittoreskes ikonisches gelbes Fachwerk-Stadttor, welches für mich der Grund war, diesen Ort im Jahr 2014 einmal zu besuchen. Dieses Tor führt zum Schloss Blumenfeld, der Hauptsehenswürdigkeit des Ortes. Das Schloss gehört der Stadt Tengen, aber in einem so kleinen Ort hat man Mühe, so ein großes Gebäude zu bespielen. Im Ortskern gibt es kaum Geschäfte und keine Museen. So war der Ort schnell besucht, hinterließ aber auf mich auch keinen besonders bleibenden Eindruck.

❖ Schopfheim

In Schopfheim war ich leider nur einmal, und zwar sehr kurz. Viel kann ich zur Stadt nicht sagen, außer dass sie eine nicht sehr große und nicht sehr historische, aber dennoch gemütliche Altstadt besitzt, dass die Stadt schön im Wiesetal liegt und dass der Schwarzwald sehr nahe ist.

❖ Singen

Singen gilt in Südbaden nicht gerade als attraktive Stadt. Es ist keine ehemalige Reichstadt mit mittelalterlichem Fachwerkkern, sondern ein Ort, der sich erst spät, vor allem durch die Ansiedlung schweizerischer Industriebetriebe (wie Maggi) entwickelt hat. Im Zweiten Weltkrieg kam es zudem zu erheblichen Zerstörungen. Eine historische Altstadt gibt es deshalb nicht. Singen hat immerhin einen wichtigen Bahnhof mit Fernzughalten Richtung Schweiz und darum eine gewisse internationale Atmosphäre und zudem relativ gut bestückte Kunstmuseen. Und im Stadtgebiet liegt ein erloschener Vulkan, der Hohentwiel, auf dem sich zudem eine Festungsruine befindet. Singen, eine nicht besonders pittoreske, aber auch nicht hässliche dynamische Stadt, wo man ein bisschen auch modernen und großstädtische Ambitionen beobachten kann, so zum Beispiel am Hegau Tower (der von Helmut Jahn entworfen wurde). Deshalb reise ich eigentlich nicht ungern nach Singen.

Andere Orte

Weil am Rhein

In Weil am Rhein war ich schon sehr oft. Nicht dass es ein besonders schöner Ort wäre, aber eine ehemalige Freundin, die in Basel arbeitet, lebt dort. Das Beste an Weil scheint die Lage direkt am Dreiländereck zu sein, im Rücken der Schwarzwald und vor der Stadt die Oberrheinebene mit Blick auf Basel, und die Jura-Landschaft dahinter. Weil hat jedoch auch ein kulturelles Highlight und das sind die Vitra-Bauten von Star-Architekten, darunter das Vitra-Museum von Gehry. Von Basel aus ist man schnell in Weil, mit dem Zug und mittlerweile auch mit der Straßenbahn, die Basel seit 2017 mit der Stadt verbindet.

Kehl

In Kehl habe ich einen Bekannten und ich musste schon manches mal von Straßburg kommend hier umsteigen. Selbst eingefleischte Kehler geben zu, dass die Stadt arm an Sehenswürdigkeiten ist. Das Beste an Kehl ist heute eigentlich die Straßenbahn nach Straßburg, die vor wenigen Jahren bis zum Kehler Rathaus verlängert wurde. Das hat aber auch zu einem Einkaufstourismus geführt, mit vielen Tabakläden in der Bahnhofstraße und ein bisschen Unruhe in die beschauliche Stadt gebracht. Seltsam wirkt es auch, dass man von Frankreich kommend als erstes größeres Gebäude in Deutschland gleich am Bahnhof eine Moschee sieht.

Oppenau

Die kleine Stadt Oppenau (5000 Einwohner) liegt sehr schön im Tal der Rench. Die Rench, die mitten durch Oppenau fließt, ist auch das Highlight der an architektonischen Sehenswürdigkeiten eher armen Stadt. Die katholische Pfarrkirche, nach Plänen Weinbrenners erbaut und das obere Stadttor gehören zu den wenigen sehenswerten Gebäuden. Als ich an einem Spätsommertag im Jahr 2021 durstig durch die Stadt ging, stellt ich zu meiner Freude fest, dass aus vielen Brunnen Trinkwasser floss.

Hornberg

Beim Namen der Stadt Hornberg muss man immer an den Spruch, `das geht aus, wie das Hornberger Schießen´ denken. Gemeint bis eine Sache, die mit großem Getöse angekündigt wird, bei der aber nicht viel rauskommt. Nachdem ich schon oft mit der Schwarzwaldbahn durch die Stadt gefahren bin, komme ich im August 2021 endlich mal dazu, hier auszusteigen. Allerdings habe ich nur 9 Minuten bis zum nächsten Zug. Ich gehe eine steile Stiege zur Stadt hinunter und lese auf einer Schautafel, dass Hornberg im Zweiten Weltkrieg stark zerstört wurde. Die Innenstadt ist deshalb von Wiederaufbauarchitektur geprägt. Immerhin fließt die Gutach mitten durch das Zentrum und verschiedene Brücken über den Fluss beleben das Stadtbild. Auch gibt es interessante Blicke auf das Eisenbahnviadukt und die Stadt liegt schön zwischen Schwarzwaldhängen.

Die Gutach im Zentrum Hornbergs

St. Georgen

St. Georgen ist mit seiner nüchternen 1970er Jahre-Architektur die Brutalismushauptstadt des Schwarzwaldes. Gemütliche Ecken gibt es in der Stadt eigentlich nicht. Aber die moderne Gestaltung des Zentrums hat auch irgendwie ihren Charme. Und die Ausblicke sind toll. Der Bahnhofsfahrkartenschalter ist originell. Unbesetzt sind hier hinter Glas gespenstisch-gruselige Fasnachtsmasken zu sehen. Von St. Georgen reise ich immerhin ab mit dem Gefühl, hier haben sie einen speziellen Humor.

Aach

Wegen seiner sehr kleinen Altstadt sieht sich Aach auch als die kleinste Stadt Deutschlands. Es gibt jedoch mehrere Städte mit weniger Einwohnern. Mit nur 2300 Einwohnern ist Aach dennoch nicht groß, die Altstadt auf dem Berg ist winzig und ohne Läden. Immerhin ist Aach noch vor Aachen im Alphabet der deutschen Städte ganz vorne. Und Aach hat noch etwas Besonderes: die größte Quelle Deutschlands, die Aachquelle bzw. der Aachtopf. Das Donauwasser versickert größtenteils bei Immendingen und tritt hier wieder zutage und fließ über die Aach in den Bodensee und damit den Rhein.

Winzige Altstadt von Aach

71

Breisach

Breisach habe ich mit seiner Lage auf einem Hügel in der Rheinebene und dem Münster attraktiver erwartet, als es dann war. Breisach ist nicht nur im Zweiten Weltkrieg bombardiert worden, auch versuchten es die Franzosen, darunter Festungsbaumeister Vauban, immer wieder für Frankreich zu erobern, wobei große Teile der Stadt zerstört wurden. Bis zur Rheinbegradigung durch Tulla lag Breisach übrigens als Insel im Fluss.

Hausach

Auf einer Reise vom Allgäu nach Bonn mache ich im Februar 2014 kurz in Hausach, einem Bahnhof der Schwarzwaldbahn, Station. Hausach erscheint mir als akzeptable, aber nicht allzu pittoreske Stadt, mit vereinzelten Fachwerkhäusern, darunter dem Rathaus, aber auch viel nicht besonders origineller Nachkriegsarchitektur.

Badenweiler

In Badenweiler war ich in den Nuller Jahren. An was ich mich noch gut erinnern kann, ist der Besuch der Römer-badruine. Ein Glasdach schützt die Ruinen, eine Dauer-ausstellung zeigt im Modell wie die Anlagen früher ausge-sehen haben. Im Juli 1904 starb der russische Schriftsteller Anton Tschechow, der an einer Tuberkulose litt, mit erst 44 Jahren im Hotel Sommer in Badenweiler. Heute heißt es Park-Therme und an der Fassade des ehemaligen Tschechow-Zimmers findet sich eine Tschechow-Gedenktafel. Auf dem Anton-Tschechow-Platz vor dem Hotel überdies die Statue `die Möwe´ und im Kurpark ein Tschechow Denkmal.

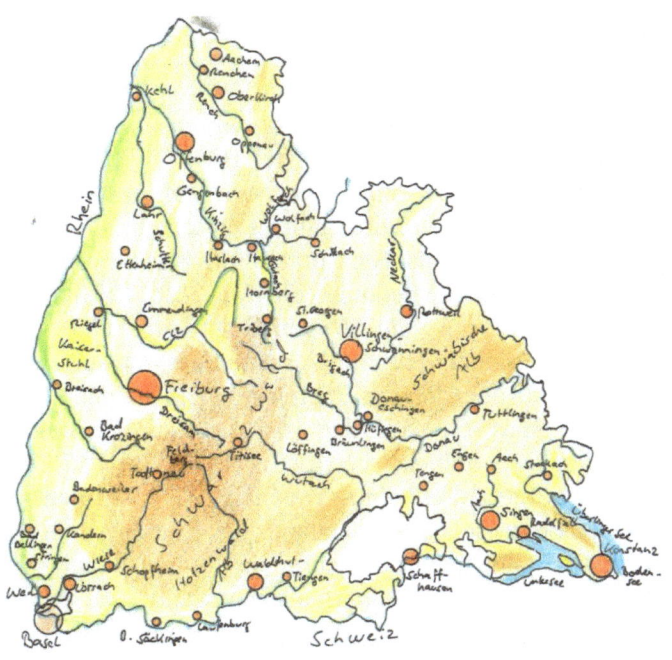

Besuchte Städte RB Freiburg: 48 (+3) von 77

<u>Top 100 Städte Südwest im RB (Top-10 fett)</u>
Freiburg, Konstanz, Waldshut-Tiengen, Rottweil, Villingen-Schwenningen, Donaueschingen, Engen, Gengenbach, Lörrach, Radolfzell, Singen, Breisach, Oberkirch, Offenburg, Titisee-Neustadt, Badenweiler, Wolfach, Hausach, Bräunlingen, Bad Säckingen.

<u>**Andere besuchte Orte**</u>
Aach, Achern, Bad Krozingen, (Deißlingen), Emmendingen, Ettenheim, Haslach, Herbolzheim, Hornberg, Hüfingen, Kanndern, Kehl, Kenzingen, Lahr, Löffingen, Lörrach, Müllheim, Oppenau, Rheinfelden, (Riegel am Kaiserstuhl), St. Georgen, Schopfheim, Schiltach, (Schluchsee), Stockach, Stühlingen, Tengen, Todtnau, Triberg, Tuttlingen, Weil am Rhein, Waldkirch, Zell/Wiesental.

2. Elsass

Das Elsass hat etwa 2 Millionen Einwohner, also fast so viele wie ein Regierungsbezirk in Baden-Württemberg. Obwohl hier immer weniger Deutsch und immer mehr Französisch gesprochen wird, gibt es geschichtlich (lange Zugehörigkeit zum deutschen Sprach- und Kulturraum) und durch die Topografie bedingt (die Vogesen trennen die westliche Rheinebene vom übrigen Frankreich) eine klare elsässische Regionalidentität. Verwaltungstechnisch wäre das Elsass in den letzten Jahren jedoch beinahe verschwunden. Was die seit der französischen Revolution bestehenden Départements betrifft, ist es in Bas-Rhin und Haut-Rhin aufgespalten. Zum 1. Januar 2016 wurden zudem, unter elsässischem Widerstand, die Regionen Alsace, Lorraine und Champagne-Ardenne zur Region Grande Est zusammengefasst, mit Straßburg als Hauptstadt. Die Aufhebung von Alsace als Region wurde jedoch zum Januar 2021 durch die Verschmelzung der beiden elsässischen Départements zur Europäischen Gebietskörperschaft Elsass kompensiert. Das Elsass wehrt sich also immer wieder dagegen, zentral regiert zu werden und fühlte sich während der Zugehörigkeit zu Deutschland durch die fehlende Autonomie dort auch nicht besonders gut aufgehoben.

Reist man durch das Elsass mit seiner wunderschönen Landschaft und den pittoresken Städten, bekommt man den Eindruck, dass die Region auch wirtschaftlich gut dasteht. Lange fielen Frankreich und das Elsass gegenüber Deutschland und insbesondere Baden-Württemberg jedoch zurück. Die benachbarte Schweiz ist zudem noch wohlhabender. In den letzten Jahren tragen jedoch Reformen Früchte und es ist wieder ein Aufholprozess zu verzeichnen. Das Elsass wird immer von seiner zentralen Lage in Europa profitieren und in Nach-Coronazeiten auch wieder mehr Touristen anziehen.

10 Städte, welche mich am meisten beeindruckt haben

❖❖ Straßburg

Nach Paris ist Straßburg die Stadt in Frankreich, die ich bisher am häufigsten besucht habe. Mehr als 30x war ich bereits dort. Ein Grund dafür ist eine kleine Wohnung, welche ich in der Stadt besitze. Straßburg hat eine schöne, wunderbare Altstadt, die als Insel zwischen dem Fluss Ill und einem Kanal gelegen ist. Unweit vom beeindruckenden gotischen Straßburger Münster mit seiner rötlichen Sandsteinfassade kann man auf romantischen Wegen direkt am Fluss Ill entlangspazieren, bis man zum von Touristen stark frequentierten Fachwerkviertel Petite France gelangt. Straßburg lässt sich auch auf einer Bootstour entdecken. Diese führt bis zum Europaviertel im Norden der Stadt mit beeindruckenden Ausblicken auf das Glasgebäude des Europäischen Parlaments. Weiterhin zu sehen sind Gebäude des Europarates und des Europäischen Gerichtshofes für Menschenrechte. Wegen des in der Presse oft kritisierten umständlichen Reisezirkus´ zwischen den Standorten Brüssel und Straßburg gibt es immer wieder Forderungen, das Parlament ganz nach Brüssel zu verlegen. Diese scheitern jedoch am Veto Frankreichs. Mit seiner deutsch-französischen Geschichte und seiner Lage in der Mitte Europas und an der Grenze Frankreich-Deutschland ist Straßburg als Symbolstadt für die deutsch-französische Zusammenarbeit, ein Kernelement der EU und eine Europastadt par excellence. Hier sitzt zudem der deutsch-französische Sender Arte und die Zentralkommission für die Rheinschifffahrt. Straßburg ist überdies Sitz der Ecole nationale d´administration einer Grande École, die die Elite der Verwaltungsbeamten des Landes ausbildet. Präsident Macron hat jedoch mehrfach angekündigt, diese Institution schließen zu wollen. In Straßburg komme ich fast immer mit dem Zug an. Die wilhelminische Fassade des Bahnhofs wurde von vielen Franzosen nie besonders geliebt. 2008 verschwand sie jedoch hinter einer gewölbten Glasfassade und das sah erst so aus, als hätte sie ein riesiger Walfisch verschluckt. Nach über einem Jahrzehnt beginnt die Fassade trüb zu werden und man fragt sich, ob sie irgendwann wieder abgerissen wird und so der in der deutschen Periode gebaute Bahnhof wieder in Erscheinung tritt. Vom Bahnhof nehme ich die Straßenbahn in das migrantisch geprägte Viertel Poteries im Westen der Stadt, wo ich eine kleine Wohnung besitze. In den Nachkriegsjahrzehnten wurden in den meisten französischen Städten die Straßenbahnen stillgelegt. Nur vier Systeme überlebten. Doch mit der Ölkrise begann ein Umdenken. Frankreich produziert zudem recht viel Atomstrom, so dass elektrische Schienenverkehrssysteme von Ölimporten unabhängig sind. Der Staat förderte ab Ende der 70er Jahre die Errichtung moderner Straßenbahnsysteme (Stadtbahnen) und nach Nantes (1985) und Grenoble (1987) schossen neue Systeme bald wie Pilze aus dem Boden. Straßburg bekam 1994 seine erste moderne Linie, mit einer kurzen unterirdischen Strecke, die den Hauptbahnhof unterquert.

U-Tramstation Hauptbahnhof

Bis heute expandiert das System mit seinen eleganten Fahrzeugen mit abgerundetem Cockpit rasch und mittlerweile beträgt die Streckenlänge 50 km.

Blick vom Palais Rohan auf das Straßburger Münster

❖ Mulhouse (Mülhausen)

Mulhouse war lange eine nur kleine Stadt, blühte aber in der Industrialisierung auf und wurde bald zum *Manchester Frankreichs*, eine von der Textilindustrie geprägte Stadt. Eine Bekannte von mir besuchte im Juli 2020 mit ihrem Sohn Mulhouse. Sie meinte, in der Altstadt gäbe es nichts zu sehen, ein Besuch lohne sich nicht. In die Stadt gefahren war sie wegen des Interesses ihres Sohnes an Verkehrstechnologien. Mulhouse hat sowohl das bedeutendste französische Eisenbahnmuseum als auch das größte Automuseum des Landes. Zusätzlich gibt es seit einigen Jahren, nach Karlsruher Vorbild, ein Tram-Train System, eine Straßenbahn, die Eisenbahnschienen nutzt. Für Architekturkenner ist zudem das 1933 errichtete Empfangsgebäude des Bahnhofs interessant, Gebäude aus dieser Epoche sind sonst eher selten. Interessanterweise am Fluss Ill, direkt am Bahnhof ein Jachthafen, was man sonst kaum wo sieht. Und was die Altstadt betrifft, ist sie zwar tatsächlich nicht so durchgehend schön, wie die von anderen elsässischen Städten. Sehenswert ist sie dennoch. Am zentralen Place de la Réunion, der mit seiner historischen Architektur recht geschlossen und ansehnlich ist, nicht nur ein Renaissancerathaus mit interessant bemalter Fassade, sondern auch eine 1859-66 erbaute neugotische Kirche mit Sandsteinfassade.

Place de la Réunion mit Saint-Ètienne Kirche.

Ein Schweizer Bekannter, mit dem ich im Januar 2022 die Innenstadt besuche, weist mich zudem darauf hin, dass das 1529 protestantisch gewordene Mülhausen/Mulhouse einst nicht nur Freie Reichstadt, sondern eine unabhängige Republik und Mitglied der Eidgenossenschaft war. 1798 schloss sich Mulhouse Frankreich an und der Wiener Kongress 1815 änderte daran nichts mehr. Die historische Orientierung zur Schweiz zeigt sich noch am Rathaus und an anderen Gebäuden, wo Flaggen Schweizer Kantone an der Fassade zu sehen sind. Neben dem Marktplatz hat Mulhouse auch interessante Gründerzeit- und Zwischenkriegsviertel. Sehenswerte moderne Architektur gibt es zudem, wie den Tour de l′Europe, erbaut 1973 durch den Mülhauser Architekten François Spoerry. Leider ist das Panorama-Restaurant im Turm zurzeit geschlossen.

Mulhouse eine Stadt für den zweiten Blick, deren Besuch sich lohnt, wenn man sich auf sie einlässt.

❖❖ Colmar

Colmar ist als große bunte Fachwerkstadt und vor allem im Bereich des Klein-Venedig am Fluss Lauch sehr pittoresk. Zusätzlich gibt es im Unterlinden-Museum den bedeutenden Grünewald-Altar zu sehen. Kein Wunder drängen sich Touristenmassen durch die Stadt.

Klein-Venedig Colmars am Fluss Lauch

❖ Riquewihr

In der kleinen Weinstadt Riquewihr (1100 Einwohner) ist das Stadtbild aus dem 16. Jahrhundert in perfekter Geschlossenheit erhalten geblieben. Riquewihr zählt auch als Dorf und findet sich auf der Liste *les plus beaux villages de France*.

❖ Sélestat (Schlettstadt)

Sélestat ist mit 20 000 Einwohnern für elsässische Verhältnisse eine größere Mittelstadt und weist eine relativ große Vielfalt architektonischer Sehenswürdigkeiten auf. Hier gibt es nicht nur viele sehenswerte Fachwerkhäuser, sondern auch mittelalterliche Stadttürme, einschließlich eines Uhrturmes, gleich zwei bedeutende Kirchen, eine romanische und eine gotische, beide mit rötlichen Sandsteinfassaden und ein bedeutendes Renaissancerathaus. Als ich die Stadt besuche, reicht kaum die Zeit, alles zu sehen und ich beschließe mir beim nächsten Besuch mehr Zeit zu nehmen. Im August 2021 bin ich wieder hier, jedoch ist die Zeit schon wieder viel zu knapp für die an Sehenswürdigkeiten reiche Stadt

❖ Wissembourg (Weissenburg)

Direkt an der deutschen Grenze liegt die in ihrer historischen Architektur gut erhaltene Kleinstadt Wissembourg. Hier fügen sich Partien am kleinen Fluss Lauter zu einem Klein-Venedig. Beeindruckendstes Gebäude der Stadt ist das Salzhaus (Maison du Sel) mit seinem steilen Schindeldach und den vielen Gauben.

Klein-Venedig in Wissembourg

❖ Eguisheim

Im Juli 2014 unternehme ich von Colmar aus eine Fahrradtour durch elsässische Kleinstädte und Weindörfer. Gegen 12:00 leihte ich am Bahnhof ein Fahrrad aus und bringe es gegen 18:00 zurück. In den 6 Stunden dazwischen gelang es mir, 18 Orte zu besuche: Eguisheim, Wettolsheim, Wintzenheim, Turckheim, Ingersheim, Ammerschwihr, Kientzheim, Kaysersberg, Sigolsheim, Bennwihr, Mittelwihr, Beblenheim, Riquewihr, Zellenberg, Hunawihr, Ribeauville, Bergheim, Katzenthal. Eguisheim war mein erster Stopp und gleich frage ich mich, warum im Elsass die Fachwerkortskerne so viel atmosphärischer und gemütlicher sind als in Deutschland. Liegt es an dem bunten Putz, den man viel öfter sieht als in Deutschland, liegt es an der Kombination Fachwerk mit Sandstein, der Schmalheit vieler Häuser, oder daran, dass hier vieles schiefer steht als anderswo. Auf jeden Fall ist man instinktiv begeistert von dem Augenschmaus, welcher sich einem hier bietet.

❖ Ribeauvillé

Ein bisschen größer (4700 Einwohner) und städtischer als Riquewihr ist Ribeauvillé (Rappoltsweiler). Auch hier laufen viele Touristen durch die hinreissend hübsche Altstadt mit ihren Fachwerkhäusern und Türmchen, aber es gibt auch richtige Läden und die Bewohner sind nicht unbedingt in der Minderzahl.

Ribauvillé

❖ Kaysersberg

Eine der hübschesten elsässischen Kleinstädte ist Kaysersberg. Hier fließt ein kleines Flüsschen pittoresk durch die Altstadt und die Fachwerkhäuser sind besonders putzig und spielzeughaft. Der berühmte Arzt Albert Schweitzer wurde in Kaysersberg geboren. Als ich im Juli 2014 die Stadt besuche habe ich leider nicht die Zeit für das entsprechende Museum. Kaysersberg steht ganz oben auf der Liste der elsässischen Orte, die ich bald mal wieder besuchen möchte.

❖ Barr

Im August 2021 wollte ich Mittelbergheim besuchen, weil dieser Ort auf der Liste der schönsten Dörfer Frankreichs verzeichnet ist. Der Schienenersatzverkehrsbus machte jedoch in Barr halt und ich musste den Rest zu Fuß gehen. Es war dann jedoch nicht Mittelbergheim sondern die Stadt Barr, die mich überraschte. Ein wundervolles Rathaus, etliche reizvolle Winkel mit schönen Fachwerkhäusern.

Unglaublich, im Elsass ist ja jede Kleinstadt schön, dachte ich.

Rathaus von Barr

<u>10 weitere Orte in den Top 100 Südwest</u>

❖ **Hagenau**

Hagenau ist eine im Norden des Elsass gelegene große Mittelstadt (35 000 Einwohner) mit zahlreichen architektonischen Sehenswürdigkeiten. Dazu zählt das aus der Jahrhundertwende stammende, im historistischen Architekturstil gehaltene Historische Museum oder die gotische Georgskirche mit ihrer rötlichen Sandsteinfassade. Man sieht der Stadt aber auch an, dass sie im Zweiten Weltkrieg stark umkämpft war und teilweise zerstört wurde.

❖ Hunawihr

Hunawihr ist ein hübsches, in seiner historischen Architektur geschlossenes Weindorf. Fast vom ganzen Dorf aus sieht man die auf einem kleinen Hügel inmitten von Weinanbau gelegene Stadtkirche.

❖ Wintzenheim

Nach dem Besuch des winzigen Dorfes Eguisheim kam mir Wintzenheim (8000 Einwohner) gar nicht so winzig vor. Etwas weniger pittoresk als Eguisheim, zeigt Wintzenheim immerhin ein einigermaßen geschlossenes historisches Stadtbild mit gemütlichen Sandsteinfassaden und einem schönen Fachwerkrathaus.

❖ Turckheim

Turckheim (3800 Einwohner) ist zwar kleiner als Wintzenheim, aber architektonisch vielfältiger. Hier gibt es ein Stadttor und eine Vielfalt von Fassadenfarben, von Sandstein, bis Fachwerk und Putzfassade. Was Giebel betrifft ist hier vom Dreiecksgiebel, zum Treppengiebel bis zum schwungvollen Renaissancegiebel alles vertreten. Im Sommer 2014 bin ich von Turckheim und seinen lauschigen Plätzen sehr angetan.

❖ Bergheim

Bergheim war der nördlichste Punkt meiner Elsass-Radtour im Juli 2014. Bergheim hat nur 2000 Einwohner aber überraschte mich durch eine sehenswerte, gut erhaltene Altstadt mit kompletter, mit etlichen Türmchen versehener Stadtmauer. Einer der Orte, der mehr als erwartet geboten hat.

❖ Beblenheim

Nur kurz machte ich auf meiner Tour im Sommer 2014 mit dem Fahrrad Halt in Beblenheim, ein wunderbares kleines Weindorf mit atmosphärisch bunt-schiefen Fachwerkhäusern und lauschigen Winkeln.

❖ Zellenberg

Sehr hübsch auf einem Landrücken über den Weinbergen liegt das in seiner historischen Architektur gut erhaltene Zellenberg mit seinem schönen Dorfplatz und den engen Gassen.

❖ Mittelbergheim

Mittelbergheim findet sich auf der Liste der schönsten Dörfer Frankreichs (les plus beaux villages de France). Mit dem Bus in der hübschen Stadt Barr angekommen, ging ich einmal zu Fuß die nicht sehr weite Strecke bis Mittelbergheim. Das Dorf liegt sehr schön auf einem Landrücken zwischen Weinbergen, mit Blick ins Oberrheintal. Alle Gebäude scheinen die gleiche Patina und den gleichen beigen Farbton zu haben. Ein Dorf aus einem Guss, aber nicht ganz so fröhlich bunt und fachwerkverspielt, wie andere Weindörfer.

❖ Thann

Tief im elsässischen Süden liegt am Fuße von Vogesenhängen und am Fluss Thur das hübsche Städtchen Thann. In der historischen Altstadt die filigrane gotische Kirche St. Theobald/Saint-Thiébaut mit ihrem spitzen Turm und einem beeindruckend figurenreichen Portal. Am Fluss Thur pittoreske Partien, am Horizont schneebedeckte Vogesenkuppen. Thann litt sowohl im 1. als auch im 2. Weltkrieg unter Kriegszerstörungen. Dennoch konnte ein fast geschlossenes attraktives historisches Ortsbild bewahrt werden. Von der Innenstadt von Mulhouse erreicht man Thann sogar per Tram-Train.

Am Fluss Thur in Thann

❖ Molsheim

Während Straßburg sich als eine Art Weihnachtshauptstadt sieht, kann Molsheim insofern mithalten, als dort Weihnachten nie zu Ende zu gehen scheint. Ende Januar 2022 war noch am Rathausplatz ein voll geschmückter und beleuchteter Weihnachtsbaum zu sehen. Auch sonst fand ich in dieser pittoresken Elsass-Kleinstadt Etliches, was einen Besuch lohnend macht. Vom Bahnhof kommend, stieß ich zuerst auf den riesigen Komplex der Jesuitenkirche. Dann der schwungvolle Giebel des Renaissance-Bürgerhauses Metzig sowie das sehenswerte Rathaus. In Hinterhöfen manche gestalterische Überraschung, wie eine Fassade voller seltsamer Elsassbezogener Figuren. Schließlich stößt man auf das Bugatti-Museum. Der Italiener Ettore Bugatti (1881-1947) hatte die Automobilfirma Anfang des 20. Jahrhunderts in Molsheim gegründet., welches damals zum Deutschen Reich gehörte, wo 1886 das Auto erfunden worden war,

Am 22. Januar 2022 in Molsheim

Saint-Louis

Wirtschaftlich eng mit Basel verbunden finden sich in St. Louis auch einige repräsentative Gründerzeithäuser, darunter das prächtige Hotel de l-´Europe mit seinem auffallendem Ecktürmchen. Auch ein stattliches historisches Bahnhofsgebäude gibt es in der Stadt, von wo viele Pendler mit dem Zug täglich nach Basel unterwegs sind.

Neuf-Brisach

Das Besondere an Neuf-Brisach (Neu-Breisach) sind die sehr gut erhaltenen Befestigungsanlagen, welche die Stadt mit ihrem perfekten achteckigen Grundriss umgeben. Aus der Luft sieht das allerdings eindrucksvoller aus, als wenn man durch die Stadt spaziert. Aber die Geschlossenheit und der regelmäßige Grundriss sind dennoch einzigartig.

Munster

Die Käsestadt Munster ist auch Namensgeber für des sehr geruchsintensiven Munsterkäses. Da er aus nicht-pasteurisierter Rohmilch hergestellt wird, darf er in den USA nicht verkauft werden (Schusswaffen dürfen dort jedoch verkauft werden). Als ich im August 2021 zum ersten Mal nach Munster fuhr hatte ich hohe Erwartungen. Doch irgendwie leidet die Innenstadt am Durchgangsverkehr. Außerdem wurde Munster wegen seiner Industrie bereits im Ersten Weltkrieg zu 85% zerstört. So gemütlich und atmosphärisch wie andere elsässische Kleinstädte ist Munster also nicht. Aber hässlich ist die Stadt mit ihrer schönen Lage und dem Park am Bahnhof auch nicht gerade.

Schiltigheim

Nicht so pittoresk wie kleinere elsässische Weinstädte gibt es im großen Straßburger Vorort Schiltigheim doch einiges zu sehen, zum Beispiel eine Fachwerkstraße. Ich besuche hier im November 2019 eine musikalische Veranstaltung und sehe jedoch außer dem Bahnhof leider nur wenig von der Stadt.

Gertwiller

Auf dem Weg mit dem Bus nach Barr steige ich zu früh aus und finde mich in Gertwiller wieder, einem nicht unattraktiven Dorf, das für seien Lebkuchen bekannt ist und wo es deshalb eine Art Lebkuchenhaus gibt (siehe Foto).

Lebkuchenhaus von Gertwiller

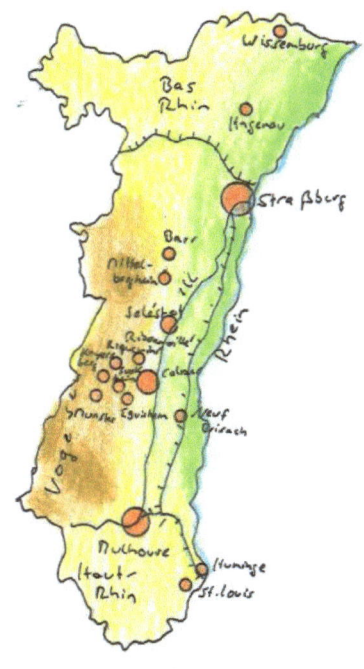

Besuchte Städte und Dörfer Elsass

Top 100 Städte/Dörfer Südwest im Elsass (Top-10 fett)
Straßburg, Colmar, Seléstat, Riquewihr, Ribeauvillé, Eguisheim, Kaysersberg, Wissembourg, Mulhouse, Barr, Hagenau, Hunawihr, Molsheim, Wintzheim, Turckheim, Zellenberg, Beblenheim, Schiltigheim, Mittelbergheim, Thann.
Andere besuchte Orte
Eckbolsheim, Mittelwihr, Neuf Brisach.Ostheim, Huningue, Munster, St. Louis.

Anhang

1. **Von mir besuchte Städte und Gemeinden nach Bundesländern**

Region	Besichtigte Städte (+ andere Orte)	Gesamtzahl der Städte	% gesehen
Berlin Brandenburg	69 (+4)	114	61
Mecklenburg-Vorpommern	37 (+4)	84	44
Sachsen-Anhalt	41	104	40
Thüringen	34	118	29
Sachsen	46	169	27
Hamburg Schleswig-Holstein	29	64	45
Bremen	2	2	100
Niedersachsen	133 (+2)	159	84
NRW	272 (+2)	272	100
Hessen	109	190	58
Rheinland-Pfalz	85 (+1)	124	66
Saarland	17	17	100
Baden-Württemberg	184 (+8)	312	59
Bayern	186 (+21)	313	59
Deutschland	1222 (+42)	2042	60

2. Die 100 Top-Städte Baden-Württemberg und Elsass

Region	Top 10	andere Top 100
Stuttgart (20)	Stuttgart, Schwäbisch Hall, Bad Wimpfen, Wertheim, Ellwangen, Bad Mergentheim, Weil der Stadt, Vellberg, Esslingen, Marbach	Heilbronn, Markgröningen, Vaihingen, Weil der Stadt, Schwäbisch Gmünd, Kirchberg/Jagst, Künzelsau, Besigheim, Waldenbuch
Tübingen (20)	Ulm, Tübingen, Ravensburg, Bad Waldsee, Meersburg, Wangen, Überlingen, Pfullendorf, Friedrichshafen, Sigmaringen	Meßkirch, Blaubeuren, Leutkirch, Biberach, Reutlingen, Isny, Tettnang, Riedlingen, Bad Urach, Rottenburg
Karlsruhe (20)	Heidelberg, Karlsruhe, Baden-Baden, Mannheim, Weinheim, Horb, Mosbach, Ladenburg, Calw, Ettlingen	Alpirsbach, Pforzheim, Bretten, Dornstetten, Freudenstadt, Gernsbach, Bad Herrenalb, Bühl, Walldürn, Rastatt
Freiburg (20)	Freiburg, Konstanz, Waldshut-Tiengen, Rottweil, Villingen-Schwenningen, Donaueschingen, Engen, Gengenbach, Lörrach, Radolfzell	Badenweiler, Bräunlingen, Singen, Breisach, Oberkirch, Offenburg, Titisee-Neustadt, Wolfach, Hausach, Bad Säckingen.
Elsass (20)	Straßburg, Colmar, Mulhouse, Riquewihr, Sélestat, Kaysersberg, Wissembourg, Barr, Ribeauvillé, Eguisheim	Hagenau, Hunawihr, Wintzenheim, Turckheim, Beblenheim, Bergheim, Zellenberg, Mittelbergheim, Molsheim, Thann

3. Städte in Baden-Württemberg und im Elsass mit über 100 000 Einwohnern

Baden-Württemberg

Stadt	Fläche	Einwohnerzahl (1000)		
	Km²	2010	2019	2020
Stuttgart	207	607	636	630
Mannheim	145	313	311	310
Karlsruhe	147	295	312	308
Freiburg	153	224	231	231
Heidelberg	109	147	161	159
Heilbronn	100	123	127	126
Ulm	119	123	127	126
Pforzheim	98	120	126	126
Reutlingen	87	112	116	116

Elsass

Stadt	Fläche	Einwohnerzahl (1000)		
	Km²	1999	2009	2018
Straßburg	78	264	272	285
Mülhausen	22	110	110	109

Agglomeration: Mülhausen: 278, Straßburg: 785

4. UNESCO Weltkulturerbe in Baden-Württemberg

Zisterzienserkloster Maulbronn (1993)
Klosterinsel Reichenau (2000)
Obergermanisch Raetischer Limes (2005)
Prähistorische Pfahlbauten (2011)
Le Corbusier Häuser Stuttgart-Weißenhofsiedlung (2016)
Höhlen und Eiszeitkunst der Schwäbischen Alb (2017)
Kurstadt Baden-Baden (2021)

5. Quermania-Liste der schönsten Städte Baden-Württembergs

Nennungen im Juli 2021 (www.quermania.de)

Bad Säckingen	2604
Kirchberg an der Jagst	368
Freiburg im Breisgau	306
Konstanz	194
Meersburg	185
Herrenberg	171
Wangen im Allgäu	141
Rastatt	127
Schwäbisch Hall	124
Heidelberg	93
Karlsruhe	73
Wertheim	72
Tübingen	69
Stuttgart	64
Horb am Neckar	60
Bad Mergentheim	56
Bad Wimpfen	55
Ravensburg, Baden-Baden	52
Ulm	48
Überlingen	46
Gengenbach	44
Laufenburg	43
Esslingen	36
Engen	33
Biberach an der Riß	24
Mannheim	19
Vellberg	17
Ellwangen	16
Schwäbisch Gmünd	15
Reutlingen	12
Weinheim, Mosbach, Villingen-Schwenningen	11
Heilbronn	10
Schorndorf	9
Balingen, Calw	8
Markgröningen, Rottweil	7

Weitere Bücher des Autors zu Städten
(Siehe www.bod.de)

Weg ist das Ziel
Wie ich tausendundeine Stadt in Deutschland besuchte
Books on Demand, Norderstedt 2020

Von Kassel bis Kusel
100 Städte in Hessen, Rheinland-Pfalz und Im Saarland, welche
man kennen sollte.
Books on Demand, Norderstedt 2022

Tief im Westen
100 Städte in Nordrhein-Westfalen, welche man kennen sollte
Books on Demand, Norderstedt 2022

Nordlichter
100 Städte in Norddeutschland, welche man kennen sollte
Books on Demand, Norderstedt 2022

Zeitzeeing
100 Städte in Mittel- und Ostdeutschland, welche man kennen
sollte.
Books on Demand, Norderstedt 2021

Weiß-blaue Schatzkästlein
100 Städte in Bayern, welche man kennen sollte.
Books on Demand, Norderstedt 2022

Puppenstube und Frittenbude
100 Städte in den Beneluxländern, welche man kennen sollte
Books on Demand, Norderstedt 2022

Wo ein Villach ist, ist auch ein Weg
100 Städte in den Alpenländern, welche man kennen sollte
Books on Demand, Norderstedt 2022